# Técnicas de arreglos para la orquesta moderna

Enric Herrera

# Técnicas de arreglos para la orquesta moderna

Antoni Bosch ◯ editor

Publicado por Antoni Bosch, editor
Palafolls, 28 – 08017 Barcelona
Tel. (+34) 93 206 0730
E-mail: info@antonibosch.com
www.antoni.bosch.com

ISBN: 978-84-85855-35-3
Depósito legal: B-27.212-2009

6ª reimpresión: junio 2009

Fotocomposición y montaje: Ràpid-Text
Impreso por: Liberdúplex

Impreso en España

# INDICE

# PREFACIO

En el primer capítulo se muestran, de forma resumida, los signos y términos musicales más usuales que se utilizan en este método. Para una mayor profundidad, en cualquiera de las materias que se citan, consultar el método "Teoría de la música e introducción a la ARMONIA MODERNA", o algún método similar.

En los capítulos sucesivos se desarrollan las distintas materias que se utilizan en los cursos de la asignatura de arreglos en el Aula de Música Moderna i Jazz de Barcelona. Este método, siendo como es un texto dirigido a los estudiantes que cursan sus estudios en esta escuela, está desarrollado de forma que pueda ser de utilidad a cualquier persona interesada en el campo de los arreglos musicales y la orquestación.

# INTRODUCCION

Este libro es el resultado de mi experiencia en la enseñanza de la asignatura de arreglos en el Aula de Música Moderna y Jazz, durante los últimos ocho años. No he inventado nada, solamente he tratado de explicar las distintas materias de que se compone esta asignatura, de la forma en que considero son de más fácil asimilación.

Durante este tiempo como profesor he comprobado que frecuentemente muchos estudiantes están ávidos de información sobre las distintas técnicas y recursos de la orquesta, pero por otro lado tienen poco interés en ponerlas en práctica o que se desaniman fácilmente en los primeros ensayos, creo que difícilmente se puede llegar a mover adecuadamente las distintas secciones de la orquesta sólo con estudiar las técnicas, la práctica es esencial y escuchar música imprescindible.

Por otro lado uno puede sentirse más o menos interesado en un determinado estilo de música, pero un estudiante que desee realmente dominar la orquestación debe oír analíticamente los arreglos de That Jones, Mel Lewis, Buddy Rich, Oliver Nelson, Duke Ellington, Quincy Jones, Toshiko Akiyoshi, J. Chattaway por citar sólo algunos de los más famosos arreglistas o directores de orquesta.

Mi agradecimiento a Gabriel Rosales, Manel Camp, John Dubuclet, Matew Simon, Josep Casanoves, Camilo Rodríguez y a todos los que me han ayudado profesionalmente o personalmente durante la confección de este libro.

# I. TERMINOS MUSICALES

### 1.1 LAS CLAVES

Las claves que se usan en este método son las de "Sol", "Fa en cuarta" y "Do en tercera".

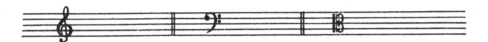

### 1.2 LETRAS QUE REPRESENTAN NOTAS

A cada nota musical le corresponde una letra:

| Nota | Letra |
|------|-------|
| La | A |
| Si | B |
| Do | C |
| Re | D |
| Mi | E |
| Fa | F |
| Sol | G |

### 1.3 LAS ARMADURAS

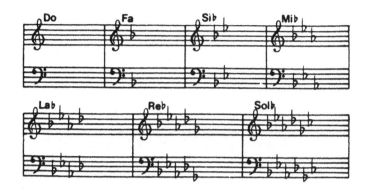

## 1.4 LOS INTERVALOS

Intervalo es la distancia que hay entre dos notas y se mide por los grados que contiene, siendo simples aquellos en que la distancia entre las notas que lo forman es inferior a una octava y compuestos los que la sobrepasan.

Los intervalos simples usuales y su nomenclatura son:

| Intervalo | Nomenclatura |
|---|---|
| 2.ª menor | b2 |
| 2.ª mayor | 2 |
| 3.ª menor | b3 |
| 3.ª mayor | 3 |
| 4.ª justa | 4 |
| 4.ª aumentada | ♯4 |
| 5.ª disminuida | b5 |
| 5.ª justa | 5 |
| 5.ª aumentada | ♯5 |
| 6.ª menor | b6 |
| 6.ª mayor | 6 |
| 7.ª menor | b7 |
| 7.ª mayor | 7 |

## 1.5 LOS ACORDES TRIADAS

Se forman por la superposición de dos terceras sobre una nota (fundamental) tomada como base y se clasifican en especies: Mayor, menor, aumentado y disminuido.

14

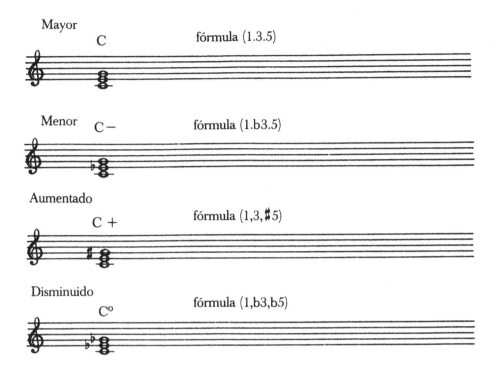

Mayor    C      fórmula (1.3.5)

Menor    C –      fórmula (1.b3.5)

Aumentado    C +      fórmula (1,3,♯5)

Disminuido    C°      fórmula (1,b3,b5)

## 1.6   LOS ACORDES CUATRIADAS

Se forman por la superposición de una tercera sobre un acorde tríada. Se clasifican en especies:

– Mayor con séptima mayor.   (1,3,5,7)

C Maj 7

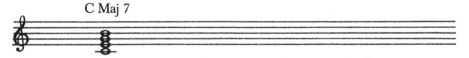

– Menor con séptima menor.   (1,b3,5,b7)

C–7

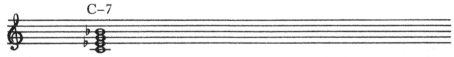

– Mayor con séptima menor.   (1,3,5,b7)

C7

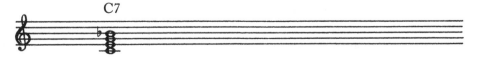

– Aumentado con séptima menor (1,3,  5,b7)

C7(♯5)

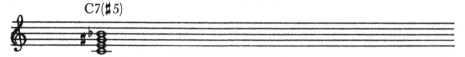

– Disminuido con séptima menor (1,b3,b5,b7)

C–7(b5)

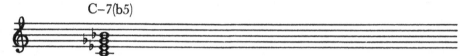

– Disminuido con séptima disminuida (1,b3,b5,bb7)

C°7

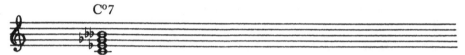

– Menor con séptima mayor. Raro uso. (1,b3,5,7)

C – Maj 7

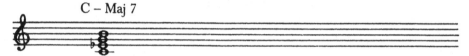

Aumentado con   séptima mayor. Raro uso. (1,3,♯5,7)

C Maj 7 (♯5)

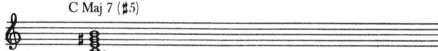

Casos especiales:

– Mayor con sexta

C6

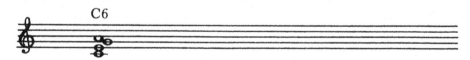

– Menor con sexta

C – 6

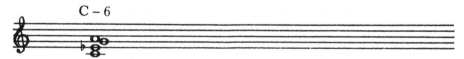

Estas dos últimas especies se consideran una modificación de los acordes "Mayor con séptima mayor" y "Menor con séptima mayor" respectivamente.

## 1.7 CIFRADOS MAS USUALES

Los cifrados que se usan para definir los acordes no son, desgraciadamente, iguales en todos los métodos, en éste se ha tratado de usar los más comunes y los que definen mejor la calidad del acorde. Son además los que se usan oficialmente en el AULA de Música Moderna y Jazz de Barcelona.

| | Acorde | Notas | Cifrado usual | No usual |
|---|---|---|---|---|
| **Tríadas** | Mayor | 1, 3, 5 | F | F△ |
| | Menor | 1, b3, 5 | F-, Fm | Fmi |
| | Aumentado | 1, 3, ♯ 5 | F + | |
| | Disminuido | 1, b3, b5 | F° | |
| **Sexta** | Mayor sexta | 1, 3, 5, 6 | F(6) | |
| | Menor sexta | 1, b3, 5, 6 | Fm(6), F- 6 | |
| **Cuatriadas** | Mayor Séptima mayor | 1, 3, 5, 7 | FMaj7 | F△7, F 7̶, FM7 |
| | Menor séptima | 1, b3, 5, b7 | Fm7, F- 7 | Fmi7 |
| | Menor séptima Quinta disminuida | 1, b3, b5, b7 | Fm7(b5), F- 7(b5) | F ø 7 |
| | Dominante | 1, 3, 5, b7 | F7 | Fx |
| | Dominante Quinta aumentada | 1, 3, ♯ 5, b7 | F + 7, F7(♯5) | F7 + 5 |
| | Disminuido séptima | 1, b3, b5, bb7 | F°7 | |

## 1.8 CIFRADOS, MOTIVO DE USO

Es mejor no indicar menor con la "m" minúscula, debido a que es fácil confundirla con la "M" mayúscula.

Es mejor utilizar "Maj" (CMaj7) que sólo la letra "M" por el mismo motivo anterior.

El signo "7̶" ó△ para los acordes de séptima mayor (CMaj7) son muy fáciles de confundir, evitar en general su uso.

Al acorde C-7(b5) se le llama a veces semidisminuido, aunque no exista una razón para ello; los que así lo definen lo cifran como C ø 7, es mucho más seguro usar el cifrado normal C-7(b5).

Las alteraciones que pueden tener algunos acordes deben mejor indicarse entre paréntesis.

Las tensiones en caso de indicarlas en los cifrados, se escriben entre paréntesis y son añadidas al cifrado base que define la especie.

No indicar aumentado o disminuido con los signos "+, −" sino usando
" ♯, b"

## 1.9  LAS TENSIONES

Las tensiones representan la lógica expansión de un acorde.

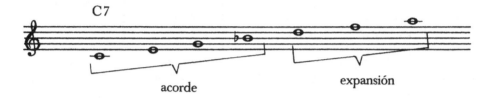

Las tensiones que un acorde puede soportar sin perder la sonoridad de la
especie a la que pertenece son:

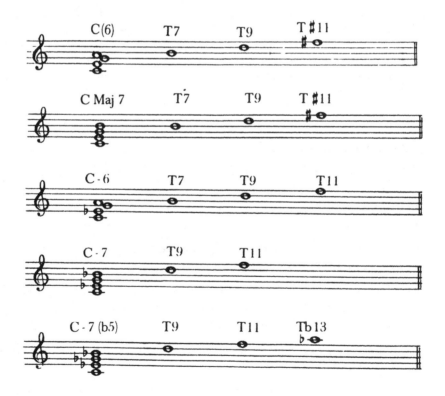

18

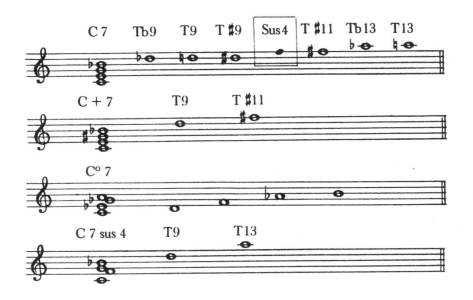

## 1.10 LAS ESCALAS

Las más importantes son:

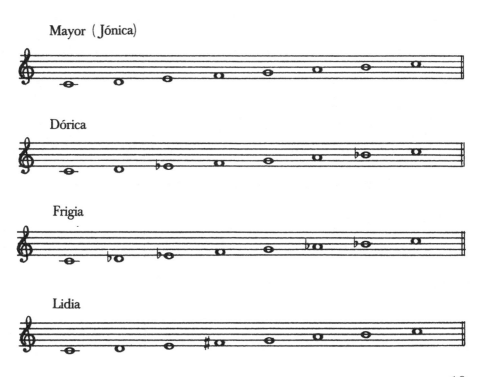

## Mixolidia

## Eolia (menor natural)

## Locria

## Menor armónica

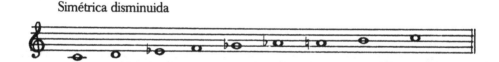

## Menor melódica

## Simétrica disminuida

## Super dominante

## Blúes

## Cromática

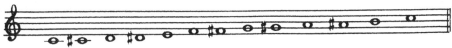

## Cromática descendente

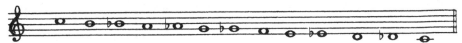

## Pentatónica (Mayor)

## Pentatónica menor

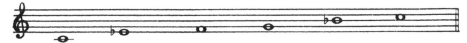

## Arabe

## Tonal

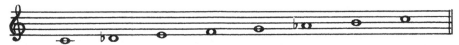

## Dórica Alterada

## Lidia b7

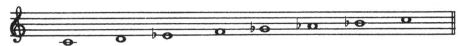

## 1.11  ARPEGIOS

Consiste en la ejecución rápida y en general en valores iguales, de las notas de que se compone un acorde.

Pueden ser ascendentes

Descendentes

Quebrados

Y cualquier combinación entre éstos.

Pueden empezar además en cualquier nota del acorde.

## 1.12  INVERSIONES

Se producen cuando un acorde tiene en el bajo una nota del acorde distinta a su fundamental.

Para indicar una inversión se utiliza una línea quebrada después del cifrado, debajo de la cual se coloca la nota del acorde que debe ir en el bajo.

Hay que hacer notar que para que sea una inversión, la que esté en el bajo debe ser una nota del acorde. Una nota no del acorde en el bajo, provocará normalmente una nueva estructura y por lo tanto un nuevo cifrado.

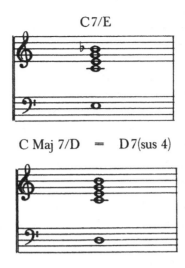

C 7/E

C Maj 7/D = D 7(sus 4)

## 1.13 POLIACORDE

Esto se usa raramente y comprende dos cifrados, normalmente tríadas, separados por una raya horizontal.

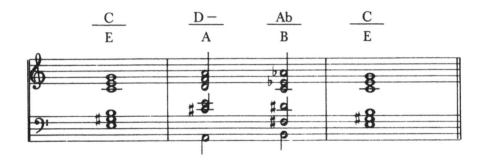

$$\frac{C}{E} \qquad \frac{D-}{A} \qquad \frac{Ab}{B} \qquad \frac{C}{E}$$

## 1.14 LA RELACION II - V - I

Este es uno de los movimientos más usuales en la música actual, junto con el IV - V - I que es más frecuente en Folk y Rock.

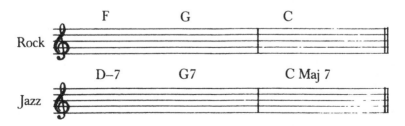

Rock    F    G    C

Jazz    D–7    G7    C Maj 7

23

## 1.15 ALGUNAS DEFINICIONES

### 1.15.1 El motivo:

Es la parte más importante de la frase y debe crear en el oyente la sensación de algo definido y preciso. El motivo vendrá determinado por una característica rítmica (figuración) o una melódica (un salto, una escala) o una combinación de estos elementos. El motivo tendrá un mínimo de dos notas y por lo general no más de siete.

### 1.15.2 Frase:

Es el ciclo completo de una idea melódica, integrada por ideas parciales que originan secciones y subsecciones.

Se considera frase cuadrada la que tiene ocho compases y contiene al menos un motivo, un contramotivo y una resolución.

### 1.15.3 Guión

Versión abreviada de una partitura que incluye como mínimo la melodía y el cifrado; puede incluir también la letra, la línea de bajo (si es especial) y alguna guía de background[1] importante.

### 1.15.4 Introducción

Pasaje musical corto al principio de una obra, cuyo fin es introducir la forma y carácter de la música que va a seguir; generalmente establece el tiempo y la tonalidad.

### 1.15.5 Verso:

Material vocal introductorio que precede a la parte principal o "coro" de una canción.

### 1.15.6 Coro o estribillo:

La parte principal y generalmente más conocida de una canción, u obra instrumental.

---

[1] Ver capítulo IX.

# II. EL ANALISIS MELODICO

## 2.1   CLASIFICACION DE LAS NOTAS

En un principio distinguiremos dos tipos de notas melódicas, las denominadas "principales" y "secundarias".

### 2.1.1 **Principales**

Se consideran notas principales a:

— Las notas del acorde

— Las notas *no* del acorde que reúnen algunas de las condiciones siguientes:
  a) Son de larga duración (negra o más, según el contexto de la frase)
  b) Son notas cortas (corcheas generalmente) y...
     Van seguidas de salto o...
     Van seguidas de silencio de al menos su valor o...
     Se mueven a su grado inferior de tiempo o parte fuerte a débil.

### 2.1.2 **Secundarias:**

Se consideran notas secundarias a las notas *no* del acorde que se mueven por grado conjunto diatónico (superior o inferior) hacia una nota principal. También reciben el nombre de notas de aproximación.

P = principales / S = secundarias

## 2.2  DIVISION DE LAS NOTAS PRINCIPALES

Las notas principales se dividen en dos grupos formados por:

a)  Notas del acorde
b)  Tensiones

En los dos casos, el método de análisis será el de indicar, debajo de la nota analizada, la nomenclatura que representa el intervalo que hay entre la fundamental del acorde al que pertenece y dicha nota.

Las notas del acorde llevarán números del 1 al 7 y las tensiones del 9 al 13.

## 2.3  DIVISION DE LAS NOTAS SECUNDARIAS O DE APROXIMACION

Las notas secundarias están divididas en dos grupos:

a)  Diatónicas
b)  Cromáticas

Son diatónicas las notas de aproximación que pertenecen a la tonalidad o a la escala del momento[1].

Son cromáticas las notas de aproximación que se mueven por semitono hacia su objetivo (nota principal).

## 2.4  NOMENCLATURA DE ANALISIS PARA LAS NOTAS SECUNDARIAS O DE APROXIMACION

Las notas diatónicas de aproximación se indican con una "d" minúscula y la nomenclatura, que define el intervalo creado entre la fundamental del acorde, al que pertenece la nota principal a la que va a parar, y ella misma.

---

[1] La escala del momento es la que le corresponde a un acorde según su función tonal (ver Cap. 28 del método "Teoría básica e introducción a la armonía moderna").

26

En el ejemplo anterior, vemos cómo en el primer compás la nota "Fa" se mueve por grado conjunto hacia la nota "Sol", que pertenece al acorde del momento "CMaj7", así pues el análisis de esta nota deberá ser la distancia interválica entre la fundamental "Do" y ella misma. En cambio la nota "Fa" que se encuentra al final del compás se mueve hacia la nota "Sol" que se encuentra en el segundo compás. Este "Sol" pertenece al acorde "E-7", así pues el análisis de este "Fa" deberá hacerse con la fundamental de este acorde (segunda menor, "b2").

Las notas cromáticas se indican solamente con una "c" minúscula.

## 2.5  SITUACIONES DE DOBLE ANALISIS

Cuando una nota de aproximación es diatónica y además se mueve por semitono, se analizará como ambas cosas: diatónica y cromática.

En el ejemplo la nota "Fa" se mueve hacia la nota principal "Mi" por semitono, así pues además de diatónica "4" será cromática. En el compás siguiente la misma situación con una armonía distinta, dará un análisis de diatónica "b6" y cromática.

## 2.6 ANTICIPACION RITMICA

Es muy frecuente el hecho de anticipar en una corchea el ataque de una nota principal que debería atacar en tiempo fuerte; a este efecto se le conoce como "anticipación rítmica".

El análisis melódico de las notas anticipadas no resulta afectado, debiendo por tanto, analizarse como si atacaran en el tiempo fuerte original.

En el ejemplo anterior la nota principal "La" ataca en la última corchea del primer compás anticipando su ataque en una corchea, la nota "Sol" que debería atacar en el primer tiempo del tercer compás también anticipa su ataque en una corchea, en ambos casos; el análisis melódico debe hacerse en relación al acorde al que realmente pertenece.

Otro caso se produce cuando una nota corta principal anticipa, y se crea un silencio en el tiempo que ocupaba; el análisis melódico deberá seguir siendo el mismo.

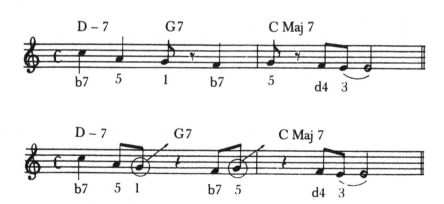

28

En el ejemplo anterior la nota "Sol", que debería atacar en el tercer tiempo del primer compás, anticipa su ataque en una corchea; el análisis debe ser el mismo que sería si no se hubiera producido esta anticipación. En el mismo ejemplo la nota "Sol" que debería atacar en el primer tiempo del segundo compás, hace también anticipación rítmica, el análisis seguirá estando relacionado con el acorde al que realmente pertenece, CMaj7 en este caso. En esta situación o similares se puede caer en el error de considerarla "1" del acorde de G7; una adecuada práctica en el análisis melódico evitará este error frecuente.

El efecto de anticipación rítmica es tan frecuente e importante que incluso llega a desplazar otras notas del tiempo anterior y a cambiar el sentido melódico de algunas notas principales o secundarias.

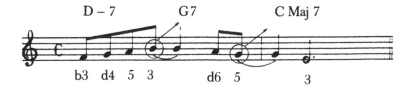

## 2.7   GRUPOS DE NOTAS DE APROXIMACION

Estos grupos están formados normalmente por dos notas de aproximación que tienen un mismo objetivo. Están clasificadas en dos grupos:

a) Doble cromático.
b) Resolución retardada.

### 2.7.1   **Doble cromático**

Es un grupo de dos notas de aproximación, de igual duración, que se mueven por semitono y en la misma dirección, ascendente o descendente, hacia una nota objetivo (principal). En consecuencia la nota objetivo estará a tono de distancia de la primera nota del grupo, y semitono de la segunda.

Doble cromático se indica con una flecha y una "c" debajo de cada nota, tal y como muestra el ejemplo.

doble cromático

## 2.7.2 Resolución retardada

Es un grupo también de dos notas de igual duración que se mueven hacia un mismo objetivo (nota principal) pero desde diferente dirección, de forma que la primera de ellas, antes de resolver, pasa por la segunda. Además las dos notas deben ser analizables como notas de aproximación, ya sea como diatónicas o cromáticas y en cualquier combinación entre ellas.

La resolución retardada se indica con un corchete que abarca las dos notas y dentro del mismo y debajo de cada una de ellas, se indica, además, el análisis individual de éstas.

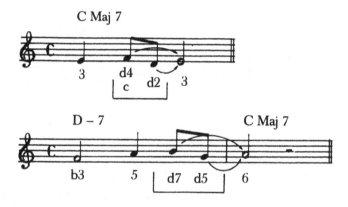

En el ejemplo anterior, podemos observar en el primer compás, la resolución retardada formada por las notas "Fa" y "Re", cuyo objetivo es la nota principal "Mi". La nota "Fa" recibe un doble análisis por su condición de diatónica que además se mueve por semitono hacia su resolución.

En el siguiente ejemplo las notas que forman la resolución retardada con "Si" y "Sol", ambas en el primer compás; en cambio su objetivo es la primera nota del siguiente compás, debiendo, pues, ser analizadas con la fundamental del acorde al que pertenece su nota objetivo.

La nota "La" es la sexta de "CMaj7" y se considera nota del acorde al igual que la séptima mayor.

30

La más típica resolución retardada, es la formada por dos notas separadas por una tercera menor, siendo la primera más grave que la segunda.

## 2.8 LAS NOTAS DEL ACORDE USADAS COMO NOTAS DE APROXIMACION

Las notas del acorde pueden ser usadas como notas de aproximación, si reúnen las condiciones de éstas, o sea, son de corta duración y se mueven por grado conjunto hacia una nota principal.

En el ejemplo anterior la corchea "Si b" es una nota del acorde "C7", por ello recibe el análisis de "b7", pero además como es nota de corta duración que se mueve por grado conjunto hacia una nota principal "Do" puede ser analizada también como nota de aproximación "db7".

Lo mismo le sucede a la nota "Sol", que además de ser quinta del acorde del momento "C7", se mueve por grado conjunto hacia la nota principal "La", que pertenece al siguiente acorde "FMaj7", siendo analizada como "d2", ya que la distancia con la fundamental del acorde al que pertenece la nota "La", a la que va a parar, es de segunda mayor.

Las mejores situaciones en donde se puede aplicar este doble análisis, son las que se producen en parte débil, es decir cuando la nota del acorde que puede funcionar como nota de aproximación está en parte débil del tiempo. Aunque no hay que despreciar esta posibilidad, cuando estando en parte fuerte, la nota principal a la que se dirige es la primera de un nuevo acorde.

En el ejemplo anterior la nota "Sol" es, además de la quinta de C7, una buena nota de aproximación hacia la nota "La" que es la primera nota del acorde "FMaj 7", a pesar de estar situada en parte fuerte del tiempo.

No será adecuado casi nunca considerar de aproximación a una nota del acorde, aunque reúna las condiciones de nota de aproximación, cuando dicha nota sea la primera de un nuevo acorde.

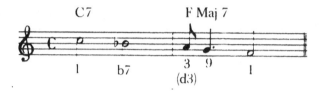

En el ejemplo anterior la nota "La" del segundo compás es la primera nota del acorde de "FMaj7" y es mejor considerarla siempre como "3" y no como "d3".

Este análisis de las notas del acorde como de aproximación es especialmente utilizado en situaciones de grupos como la resolución retardada y el doble cromático. Siendo plenamente vigentes las normas anteriormente citadas en cuanto a su mejor análisis en unas u otras situaciones.

En el ejemplo la nota "Si" puede tener un doble análisis, como principal "7" o como nota de aproximación, formando parte del grupo cuyo objetivo es la nota "Do", en este último caso sería analizada como "d7" y "c" ya que se acerca por semitono a su objetivo.

32

Doble cromático es el otro caso en donde este doble análisis se puede encontrar frecuentemente.

La nota "Do" puede ser considerada principal "1" o como parte de un grupo doble cromático.

# III. LA FIGURACION

La figuración es uno de los elementos principales en la música; se podría definir como el ritmo de las distintas líneas melódicas de que se compone una obra.

La figuración de la melodía es de vital importancia en un arreglo, pero no debe descuidarse en absoluto la de las líneas secundarias; el background.

La valoración de los distintos conceptos de que se compone un arreglo sería:

1.º Ritmo de la melodía y contramelodías.
2.º La melodía principal en sí.
3.º La armonía.
4.º El timbre, el color de la orquesta.

## 3.1   ESCRITURA ADECUADA PARA UN ARREGLO

Una buena figuración necesita, además, una adecuada escritura; para ello se han estandarizado unas normas.

En general se usan las corcheas como notas más cortas, esto, claro está, no siempre es posible, pero sí muy frecuente; hay que tener en cuenta que suenan igual cuatro blancas que cuatro negras o cuatro corcheas, si la velocidad del compás es doble el uno del otro. Por ejemplo:

suena igual a:

Debe considerarse, también, que en un compás de 4/4 el primer tiempo es fuerte, el tercero semifuerte y el segundo y cuarto débiles. Por ampliación del ritmo armónico de la frase cuadrada, cada dos compases se produce una situación similar, siendo la primera mitad del primer compás fuerte, la primera del segundo compás semifuerte y débiles la segunda parte, tanto del primer como del segundo compás.

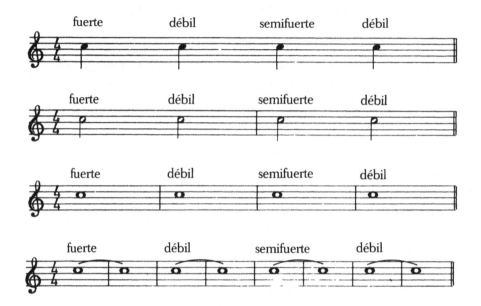

En este cuadro se observa el desarrollo de un compás de 4/4 en una frase cuadrada de ocho compases.

Una buena figuración tendrá una escritura lo más clara posible y para ello el escoger el compás adecuado y la velocidad del mismo serán dos factores esenciales.

## 3.2 COMPASES

### 3.2.1 2/4

Este es un compás de poco uso en la música actual; es típico de las marchas y de algunos temas de "Rag". Acostumbra a tener un tiempo bastante rápido.

En el Ragtime que usa este compás, la nota corta es esencialmente la semicorchea.

### 3.2.2 4/4 (o C)

Este es el compás en el que está escrita y se escribe la mayor parte de la música actual. Su utilización es muy variada y el tiempo puede ser desde "lento" hasta un "Fast" de un tema de Be Bop.

En este compás la norma de escritura principal es que la figuración debe ser divisible por la mitad del compás. Es decir, hay que imaginar que existe una línea divisoria en la mitad del compás.

Existen cuatro excepciones:

Tampoco deben barrarse corcheas o figuras de valor inferior, que estén en la primera mitad del compás, con figuras que estén en la segunda mitad.

### 3.2.3 EL COMPAS PARTIDO (¢):

Otro compás muy usado. Es el usual en muchos ritmos latinos como la Samba, el Cha Cha, etc., así como en la música del llamado Show, revista musical, baile, country, etc. El tiempo acostumbra a ser de rápido a muy rápido y se usan las mismas normas de escritura que en el 4/4.

### 3.2.4 3/4

Este es el compás típico de los valses, también se usa en música popular y en algunos temas de Jazz.

Es muy frecuente sentir un pulso binario en un 3/4, ya que en general la música escrita en este compás podría haberse escrito en 6/4, que es su verdadero compás según muchos teóricos. Lo cierto es que muchos temas en 3/4 tienen la frase cuadrada de 16 compases, que sería de ocho en caso de haberla escrito en 6/4.

### 3.3 COMPASES COMPUESTOS (6/8, 9/8, 12/8) y el 3/8

Estos compases son de raro uso en la música actual, en sí no son más que un compás simple con subdivisión ternaria de sus tiempos. Así, por ejemplo, el 12/8 es el 4/4 con subdivisión ternaria. Se pueden encontrar Boogies y Blues escritos así, sobre todo en compases con tiempo lento.

Relación entre los compases simples y compuestos:

| *simple* | *compuesto* |
|---|---|
| 2/4 —————————— | 6/8 |
| 3/4 —————————— | 9/8 |
| 4/4 —————————— | 12/8 |

El compás de 3/8 es totalmente artificial ya que no es en nada diferente al 3/4, más que en su escritura.

El uso de compases como el 3/8, 4/8 o similares en toda una obra, no tiene un resultado diferente al de usar los normales 3/4 o 4/4; lo único que variará será la escritura de la figuración.

Tradicionalmente se usaban, a veces, estos compases, para indicar un tiempo más vivo que su paralelo, por ejemplo, el 4/8 sería más rápido que el 4/4, aunque esto es muy sutil, ya que la velocidad medida por los términos como "Andante" o "Moderato" no implican una velocidad específica. Como en la música actual no se usan estos términos y en su lugar se indica la velocidad por medio de su relación con el metrónomo; su uso ha desaparecido prácticamente, conservándose sólo en algunas obras por una pura tradición estilística.

En música contemporánea o en algunos casos de música moderna, se han utilizado estos compases para crear subdivisiones especiales, como se muestra en el ejemplo.

## 3.4    LOS COMPASES DE AMALGAMA

Los compases 5/4, 7/8, 7/4, 11/8 son todos ellos compases artificiales, llamados de amalgama, o sea que están formados por dos o más compases, digamos, normales.

Todos estos compases dan una sensación rítmica algo artificial, aunque hay algunas realizaciones brillantes que han llegado incluso a ser famosas, temas como Take Five (5/4) de Paul Desmond o Rondó a la turca de Dave Brubeck.

## 3.5    EL TIEMPO Y EL PULSO

Es importante determinar el tiempo exacto de un arreglo, antes de escoger el compás. El resultado debe ser de equilibrio en la figuración, evitando el resultado de una figuración ni demasiado rápida (densa) ni demasiado lenta.

Es fácil al principio pensar que el pulso es el tiempo, esto en general nos daría una figuración muy densa. El pulso podría definirse como el "vaivén" del ritmo, los pasos de cómo lo bailamos, por decirlo así. Por ejemplo, el vals tiene el pulso en cada compás, o sea cada pulso son tres tiempos, el ragtime lo tiene también cada compás; aquí el pulso se produce cada dos tiempos.

Para indicar el tiempo de un arreglo es mejor usar la relación con el metrónomo ( ♩ = 100) y no indicar sólo "medium" o "balada". Aunque no debemos olvidarnos de indicar el estilo (Swing, Bossa, etc.), ya que la interpretación de las corcheas variará entre un estilo u otro.

Cuando se desea crear un cambio de tiempo dentro de un arreglo es mejor procurar hacer un cambio natural. Ello se puede conseguir moviéndose a un tiempo doble o mitad de velocidad del que se viene. Otras divisiones son realmente conflictivas. Se debe en todo caso indicar la relación entre figuras.

Por ejemplo:    ♩ = ♪

## 3.6    RUBATO Y AD LIB

Estas expresiones indican que el pulso desaparece y la orquesta necesita de un director para conseguir un efecto conjuntado. La interpretación será pues a criterio del director.

## 3.7   LA FIGURACION NO SINCOPADA

Esta figuración viene determinada por patrones melódicos, en donde el ataque rítmico de la resolución de la frase es sobre la caída de un tiempo, principalmente sobre la caída de un tiempo fuerte o semifuerte.

La subdivisión de estos patrones dará una mayor variedad rítmica, dentro de su consideración de figuración no sincopada.

La interpretación de las corcheas variará según el estilo, así el patrón:

podría oírse aproximadamente como:

En Swing

40

y como:

 en Blúes, Jazz, etc.

La interpretación de las corcheas, sobre todo en el Swing, no es precisa y depende de la época, estilo e intérprete, en su exacta medida. La mayoría de frases en Swing son patrones estandarizados de una interpretación determinada por el uso. Como norma general y en una sucesión de corcheas la primera será siempre más larga que la segunda, aunque la adecuada interpretación no se logrará sin un estudio de los intérpretes destacados del estilo.

## 3.8 LA FIGURACION SINCOPADA

Esta se produce normalmente cuando la frase se resuelve en una nota que hace síncopa o contratiempo. La más usual de estas situaciones es cuando la anticipación se produce sobre el primer o tercer tiempo de un compás de cuatro.

No sincopada:

Sincopada:

La anticipación se produce generalmente al anticipar un patrón no sincopado en el valor de la nota corta del compás, esto es, en un compás a tiempo medio o rápido, una corchea, en un compás de tiempo lento, una semicorchea.

Balad

41

En situaciones de un tiempo muy vivo y especialmente en música latina, la negra puede hacer esta función.

A continuación vemos una serie de patrones rítmicos sincopados y su homónimo no sincopado.

La sincopación de una figuración no sincopada ayudará mucho a conseguir el sentido adecuado para la música actual, aunque debe tenerse presente que ello no es el todo, ya que el sentido se logrará en el conjunto de la melodía, la sección de ritmo y los posibles "rifs" y backgrounds de la orquesta.

# IV. LA FORMA

Una de las consideraciones importantes a tener en cuenta antes de iniciar un arreglo de un tema determinado, es analizar su organización. La manera en que un tema está organizado será básico a la hora de desarrollar su estructura. Cada estilo musical tiene unas características definitorias del mismo y una de éstas es su forma. Así pues cuando se quiere arreglar en un determinado estilo se deberá entender primero cómo está estructurado. Muchas de las formas actuales, no son en el fondo, más que distorsiones premeditadas o no de las formas básicas estándar.

## 4.1 LAS FORMAS BASICAS (ESTANDAR)

### 4.1.1 El binario simple

Esta estructura está formada por dos secciones, llamadas, principalmente, el "verso" y el "estribillo".

La música popular y la canción de música moderna se pueden encuadrar por lo general en esta forma, que consiste en una frase de duración no inferior a ocho compases; el verso, y un estribillo también no inferior a ocho compases, que se usan repitiéndolos alternativamente.

| verso | estribillo | verso | estribillo | |
|:---:|:---:|:---:|:---:|:---:|
| 8 | 8 | 8 | 8 | . . . . . |

En la canción es usual que el verso cambie de letra cada vez que se interpreta, mientras que el estribillo repite casi siempre el mismo texto.

Se pueden encontrar binarios simples de muy distinta duración en compases, en el verso o en el estribillo, aunque la mayor parte serán frases cuadradas de ocho compases, o, a medio tiempo o doble tiempo, dando apariencia de frase de cuatro o dieciséis compases.

Es frecuente en las canciones acabar repitiendo el estribillo varias veces, según el estilo, llegando a ser muy machacón en algunos tipos de canciones.

En el género de "cantautor" es fácil encontrar versos de muy distinta duración, aun y siendo el mismo motivo. Ello casi siempre debido al deseo de "decir" toda la letra aunque sea con una métrica inadecuada. Cuando esto se produce, la música puede acabar pasando a un segundo plano e incluso la idea musical temática desaparecer.

Algunos compositores añaden a la estructura del binario simple, una frase más de una duración no inferior a cuatro compases, como medio de puente o relajación entre las formas verso y estribillo. Este puente puede ser instrumental en una canción.

| verso | estribillo | verso | estribillo | puente | verso | estribillo |
|-------|-----------|-------|-----------|--------|-------|-----------|
| 8 | 8 | 8 | 8 | 8 | 8 | 8 |

## 4.1.2 El binario compuesto

Esta es la forma preferente en los estándar, la música de Broadway y en general todo tipo de temas del "Show". Esta estructura, originalmente tenía dos secciones, igual que el binario simple; el verso y el coro.

La primera, el verso, funcionaba como una introducción bastante larga que daba paso al coro que se repetía hasta el fin del tema, no volviendo a tocarse el verso.

| verso | coro | coro | coro | coro | etc. . . . |
|-------|------|------|------|------|-----------|

Finalmente el verso cayó en desuso y desapareció. De hecho muchos de los estándars que se tocan usualmente tienen un verso que nadie toca o que ni siquiera es conocido por muchos intérpretes.

El coro de un binario compuesto, acostumbra a tener 32 compases y aunque se pueden encontrar de 16 ó 64 éstos no son más que un coro regular a medio o doble tiempo.

La estructura base de un coro estándar de 32 compases es su subdivisión en cuatro frases cuadradas de ocho compases cada una, siendo al menos dos de ellas distintas; si a la primera frase la denominamos "A" y a la siguiente diferente a la anterior "B" y así sucesivamente, las principales estructuras que podemos encontrar son:

| Compases | 8 | 8 | 8 | 8 |
|----------|---|---|---|---|
| | A | A | B | A |
| | A | B | A | B |
| | A | B | A | C |
| | A | B | C | D |

Es muy frecuente que en los temas donde se encuentran dos "A" seguidas, los dos últimos compases de la primera "A" sean distintos de los de la segunda; esto se escribe generalmente con casillas de primera y segunda.

| A | | A | | B | A |
|---|---|---|---|---|---|
| 6 | 2 | 6 | 2 | 8 | 8 |

| | A | 1.ª | 2.ª | B | A |
|---|---|---|---|---|---|
| ‖: | 6 | 2:‖ | 2 | 8 | 8 |

Esta forma A.A.B.A. es una de las más corrientes y al tema "B" es frecuente llamarle "puente".

En algunos casos de binario compuesto, se puede encontrar un final "extendido" de dos a siete compases de duración. Este apéndice sólo se toca en la exposición del tema y al acabar el mismo. El apéndice más frecuente es de cuatro compases y si tiene ocho o más se incluye, generamente, dentro de la estructura, como una nueva frase.

| A | A | B | A | C |
|---|---|---|---|---|

### 4.1.3 **Ejemplos de coros estándar** (Regulares e irregulares)

| | | | | |
|---|---|---|---|---|
| A foggy day | A<br>8 | B<br>8 | A<br>8 | C<br>8 |
| Afternoon in Paris | A<br>8 | A<br>8 | B<br>8 | A<br>8 |
| Alice in Wonderland | A<br>16 | A<br>16 | B<br>16 | A<br>16 |
| All of me | A<br>8 | B<br>8 | A<br>8 | C<br>8 |
| Fortune smiles | A<br>16 | A<br>16 | B<br>16 | |
| The girl from Ipanema | A<br>8 | A<br>8 | B<br>16 | A<br>8 |
| Green Dolphin Str. | A<br>8 | B<br>8 | A<br>8 | C<br>8 |

| I'll remember April ———————— | A | B | A | |
|---|---|---|---|---|
| | 16 | 16 | 16 | |

| Meditation ———————— | A | A | B | A |
|---|---|---|---|---|
| | 16 | 16 | 8 | 16 |

| Misty ———————— | A | A | B | A |
|---|---|---|---|---|
| | 8 | 8 | 8 | 8 |

| Nardis ———————— | A | A | B | A |
|---|---|---|---|---|
| | 8 | 8 | 8 | 8 |

| So what ———————— | A | A | B | A |
|---|---|---|---|---|
| | 8 | 8 | 8 | 8 |

| Triste ———————— | A | B | A | C | |
|---|---|---|---|---|---|
| | 8 | 8 | 8 | 8 | (+ 2 de apéndice) |

| Wave ———————— | A | A | B | A |
|---|---|---|---|---|
| | 12 | 12 | 8 | 12 |

| Sound down ———————— | A | A | B | A |
|---|---|---|---|---|
| | 8 | 8 | 16 + 4 | 8 |

En los temas de más de dos frases distintas, es normal que los motivos sean parecidos y recuerden motivos anteriores. En April in Paris de estructura A.B.C.D. (8.8.8.8.), las cuatro frases son distintas, pero el motivo principal es el mismo en A y D, y rítmicamente el contramotivo también; ello hace que pueda considerarse como una variación de la primera A.

### 4.1.4 **El Blues**

Como estructura musical, el Blues se caracteriza por tener una frase de 12 compases que se va repitiendo.

En sí es la forma más sencilla que existe, ya que no tiene una segunda frase o puente.

La frase de 12 compases está dividida en tres grupos de 4 compases, siendo básicamente de igual motivo los dos primeros y de distinto en el tercero.

| A | A | B |
|---|---|---|
| 4 | 4 | 4 |

### 4.1.4.1 La forma

La forma más sencilla de Blues, está formada por un motivo que llena aproximadamente los dos primeros compases. Estos van seguidos de dos compases de respuesta instrumental más o menos improvisada. En los compases cinco y seis se vuelve a oír el mismo motivo o éste, adecuado a la

46

armonía, para seguir otra vez con la respuesta instrumental. En los compases nueve y diez aparece el motivo distinto, siendo los dos últimos compases una "carga" instrumental que nos lleva a comenzar de nuevo.

### 4.1.4.2 La armonía

El Blues en su forma más sencilla tiene unos determinados cambios armónicos fijos:

| compás | 1 | 2 | 3 | 4 | 5 | 6 | 7 | 8 | 9 | 10 | 11 | 12 |
|---|---|---|---|---|---|---|---|---|---|---|---|---|
| acorde | I | I | I | I | IV | IV | I | I | V | V | I | I |

La variación más usual en Rock & Roll:

| compás | 1 | 2 | 3 | 4 | 5 | 6 | 7 | 8 | 9 | 10 | 11 | 12 |
|---|---|---|---|---|---|---|---|---|---|---|---|---|
| acorde | I | (IV) | I | I | IV | IV | I | I | V | IV | I | V |

Actualmente se usa cualquier cadena que resuelva sobre los acordes esqueleto originales.

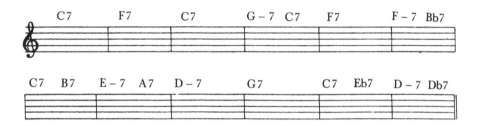

### 4.1.4.3 La melodía

Una de las características principales en el Blues está en la melodía y concretamente en el uso de las "Blue-notes".

Las blue-notes son la "b3" y la "b7" y en menor grado la "b5". En general se utilizan para evitar el semitono diatónico no usual en el sonido del Blues.

El uso de estas notas encima de las tríadas tradicionales, ha acabado convirtiendo los acordes del I y IV grados en acordes de séptima (I7, IV7).

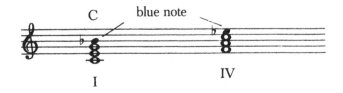

## 4.2 ORGANIZACION DEL ARREGLO

Una vez conocida la estructura del tema, la distribución del arreglo estará en manos del arreglista y sólo como guía se detallan las fórmulas más usuales de organización del mismo.

### 4.2.1 Guión

Por guión se entiende una partitura en que se indica la melodía, los cifrados y ocasionalmente el bajo. Proveerse de un guión antes de empezar un arreglo es una condición indispensable.

### 4.2.2 Introducción

Esta es una sección añadida al guión. Algunos temas tienen una introducción escrita por el compositor, aun y en este caso el arreglista puede, o no, usar esta introducción o crear otra con o sin similitud con la original.

La introducción no tiene una duración determinada, pero casi nunca será más larga que la primera frase del tema. El propósito de la misma es simplemente preparar al oyente para oír el motivo principal.

### 4.2.3 Exposición

Esta es la primera sección del arreglo y su propósito es el de exponer el tema. El arreglista puede variar la melodía, la armonía y el ritmo, pero tratará, normalmente, de exponerlo de forma clara e identificable al oído.

### 4.2.4 Desarrollo

El tema vuelve a presentarse, esta vez de forma mucho más variada, y el arreglista es consciente de que el oyente ya ha escuchado la exposición y puede mucho más fácilmente reconocer frases que ya se han interpretado anteriormente, aunque éstas vengan modificadas.

### 4.2.5 Open solo

Esta sección está destinada a los solos de los distintos solistas de la orquesta. En las Big Bands es frecuente el uso de "Backgrounds" (ver 9.5.2 y 10.2).

### 4.2.6 Conclusión

Aquí se vuelve a exponer el tema principal, generalmente, comenzando como en la exposición, pero llevándolo hacia un final conclusivo.

Si tomamos como ejemplo un estándar de 32 compases de forma A.A.B.A., la introducción tendrá de dos a ocho compases, la exposición un coro (32), el desarrollo otro coro (32), el open solo (32) compases repetidos las veces necesarias según la duración y cantidad de solistas; finalmente la conclusión otro coro (32) con o sin final añadido (coda).

Dentro del arreglo es frecuente definir cada coro con una letra distinta. Así el primer coro será el "A", el segundo el "B", etc.

| 4 comp. | | CORO A (32) | | CORO B (32) | | CORO C (32) | | CORO D (32) | |
|---|---|---|---|---|---|---|---|---|---|
| INTRODUCCION | | A8,A8,B8,A8 | | A8,A8,B8,A8 | | \| : OPEN : \| | | A8,A8,B8,A8 | | CODA |

Es necesario, además, separar las frases dentro de un coro con números, o números y letras de ensayo.

### 4.2.7 Números de ensayo

Esto se hace en razón de posibilitar el ensayo de la orquesta. Cuando se desea ensayar una determinada parte de un arreglo, el director debe poder dirigirse a la orquesta de forma que todos los músicos puedan facilmente entender cuál es la parte a ensayar. Sin estas referencias un ensayo de una orquesta sería caótico.

Existen diversos procedimientos y cada arreglador usa unos u otros según su criterio.

Un sistema consiste en numerar todos los compases del arreglo. Este procedimiento es el usual en música tradicional, aunque no tan usual en las orquestas modernas.

Otro procedimiento consiste en separar por medio de letras las distintas frases, normalmente de ocho compases; así es fácil empezar en la C7 o en la H2, etc.

Otro procedimiento, quizás el más usual en estándars o temas de estructura normalizada (32 compases de coro), es la de separar cada coro con una letra y cada frase con el número de compás con que comienza; así un estándar tipo A.A.B.A. sería:

Coro A

| A1 | A9 | A17 | A25 |
|---|---|---|---|
| A | A | B | A |

Coro B

| B1 | B9 | B17 | B25 |
|---|---|---|---|
| A | A | B | A |

Coro C

| C1 | C9 | C17 | C25 |
|---|---|---|---|
| A | A | B | A |

Coro D

| D1 | D9 | D17 | D25 |
|---|---|---|---|
| A | A | B | A |

49

Sea cual sea el método escogido, lo importante es facilitar el ensayo de la orquesta.

Es costumbre colocar estas indicaciones en un recuadro tipo $\boxed{A9}$ para evitar que algunos instrumentos que usan cifrados pudieran confundir los signos de ensayo con un cifrado.


### 4.2.8 Exposición temática

Es un sistema actual de organización de arreglos o composición de temas. La idea básica es la exposición temática por medio de "Vamps", repeticiones de una frase hasta que se cumple una condición (señal de director, número determinado de veces, etc.); entonces el arreglo sigue adelante entrando en otro Vamp.

Esto se usa frecuentemente entre los solos. De esta manera se expone el tema, se entra en un "Vamp" donde un solista desarrolla su improvisación, a continuación se entra en otra exposición temática que da paso a otro "Vamp" de otro o el mismo solista, que da paso a otra exposición temática, etc. Alguna de estas exposiciones temáticas no son en sí más que un interludio entre solos. Como ejemplo de esta forma tenemos a Miles Davis, Weather Report, en algunas de sus grabaciones y actuaciones en directo.

# V. LOS INSTRUMENTOS

## 5.1 DIVISION DE LOS INSTRUMENTOS

Los instrumentos musicales están clasificados en cuatro grupos principales: viento, cuerda, percusión y electrónicos.

Dentro del primer grupo podemos distinguir dos tipos, según se produzca la introducción del aire en el instrumento por soplo humano o mecánicamente.

En el grupo de soplo humano tenemos tres subgrupos más: madera, metal y saxos. Esta clasificación es la tradicional y no define claramente a cada uno de estos grupos, ya que en el grupo de la madera se incluyen a las flautas por ejemplo (que son totalmente metálicas). La diferencia más apreciable en todos estos instrumentos reside en cómo es la boquilla, por medio de la cual se introduce el aire en ellos.

La boquilla de los instrumentos considerados de madera tiene una lengüeta, generalmente de caña, de ahí que se les denomine a menudo instrumentos de caña. En cambio los considerados de metal tienen una boquilla totalmente metálica y los labios hacen la función que tiene la lengüeta en los instrumentos de caña.

La flauta es un caso a parte y se denomina de "boca", ya que son los labios los que hacen de boquilla.

En el otro apartado de este primer grupo, encontramos los instrumentos en que el aire está impulsado por algún medio mecánico (como un fuelle). Tenemos los ejemplos del acordeón y del órgano de tubos.

En cuanto al grupo de los instrumentos de cuerda, la clasificación se realiza en base a cómo se produce la vibración de las cuerdas de estos instrumentos. Los de arco son los instrumentos en que esta vibración se produce generalmente por la frotación del arco sobre las cuerdas. Son claros ejemplos el violín y la viola.

El piano es un instrumento de cuerda en que la vibración viene producida por unos martillos que golpean las cuerdas de este instrumento.

Otro grupo de instrumentos de cuerda son aquellos en que la vibración viene producida por la pulsación de los dedos sobre las cuerdas del instrumento. El arpa y la guitarra son dos ejemplos de este grupo.

Finalmente, dentro del grupo de los instrumentos de cuerda, hay que señalar los de púa. Entre ellos cabe destacar la bandurria, el laúd, la guitarra eléctrica, etc.

En cuanto a los instrumentos de percusión, están divididos en dos grupos principales, los que producen un sonido determinado y los de sonido indeterminado. En todos ellos el sonido se produce al golpear por medio de mazas, baquetas o las manos, un cuerpo sonoro. Como ejemplo de instrumentos de percusión que producen un sonido determinado se pueden citar el vibráfono, las marimbas, los timbales, etc. Y en cuanto a los de sonido indeterminado la batería, los bongos, la pandereta, etc.

En el último apartado están los instrumentos electrónicos. Estos son de reciente creación y tienen frente a sí un campo muy amplio y en constante evolución. Probablemente estos instrumentos acabarán predominando en un futuro no muy lejano y no se debe tener hacia ellos una actitud negativa por el hecho de que llegan a imitar, casi a la perfección, la sonoridad de los instrumentos de los otros grupos, sino en una actitud positiva por las múltiples posibilidades que van a ofrecer y de hecho ofrecen ya a los músicos de nuestros días.

En estos instrumentos el sonido viene producido por algún sistema electrónico (analógico o digital).

El sintetizador de teclado es el instrumento más conocido de este grupo.

No se debe confundir los instrumentos electrónicos con las guitarras eléctricas o algún modelo de piano eléctrico, que siguen siendo instrumentos que deben englobarse en los apartados anteriores, ya que el sonido sigue produciéndose por medio de cuerdas o láminas que al ser pulsadas o golpeadas, la vibración producida se amplifica de forma electromagnética. Pero la vibración se ha producido de forma natural.

# LOS INSTRUMENTOS MUSICALES

AIRE
- soplo humano
  - saxos
  - madera (caña), (fagot, clarinete, oboe...)
  - metal (boquilla), trompetas, trombones...)
- soplo mecánico
  - acordeón
  - órgano de tubos

CUERDAS
- arco ——————— (violín, violoncelo...)
- percutidos ——— (piano)
- dedos ————— (arpa, guitarra, ...)
- púa ————— (guitarra, laúd, mandolina, ...)

PERCUSION
- sonido determinado ——— (vibráfono, timbales, campanas, marimba)
- sonido indeterminado —— (batería, bongoes, tumbas, ...)

ELECTRONICOS
- analógico
- digital —— (sintetizadores)

## 5.2 LOS INSTRUMENTOS TRANSPOSITORES

Los instrumentos musicales también se pueden dividir en dos grandes grupos: transpositores y no transpositores.

Los instrumentos transpositores son aquello en los que al tocar la nota escrita da como sonido real otra nota. Esto es muy normal en los instrumentos de viento. En este grupo podemos englobar también a unos instrumentos que no siendo transpositores realmente, su escritura se realiza en otra octava del sonido original. Esto se hace en general por razones de comodidad en la escritura. El resto de los instrumentos son los que la nota escrita tocada por ellos da como resultado el mismo sonido.

53

## 5.3 LOS INSTRUMENTOS DE VIENTO

### 5.3.1 Los saxos

Los saxos forman una de las secciones básicas de la orquesta moderna. Son instrumentos muy ágiles de ejecución, permitiendo arpegios muy rápidos, glisandos, staccatos, etc.

La familia de saxos está compuesta por:

|  |  |  |
|---|---|---|
| Saxo | Soprano | en Bb |
| " | Alto | en Eb |
| " | Tenor | en Bb |
| " | Barítono | en Eb |
| " | Bajo | en Bb |

La escritura para todos ellos se hace en clave de Sol y la tesitura escrita abarca:

Algunos modelos nuevos de saxo incluyen una llave que les permite realizar una nota más.

#### 5.3.1.1 Saxo soprano (Bb)

Es un instrumento transpositor, suena una segunda mayor baja.

tesitura escrita

tesitura real

tesitura real más efectiva

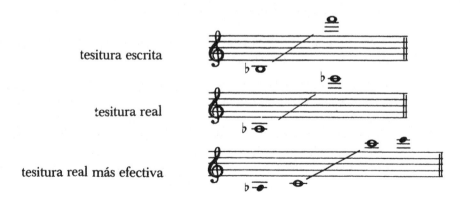

### 5.3.1.2    Saxo alto (Eb)

Es un instrumento transpositor. Suena una sexta mayor baja.

tesitura escrita

tesitura real

tesitura real más efectiva

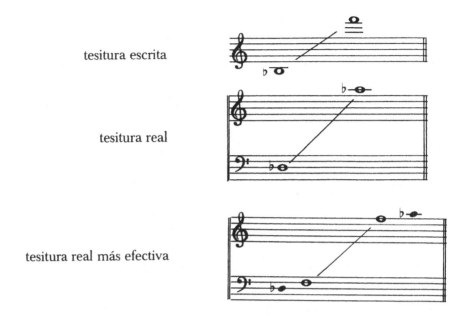

### 5.3.1.3    Saxo tenor (Bb)

Es un instrumento transpositor. Suena una novena mayor baja.

tesitura escrita

tesitura real

tesitura real más efectiva

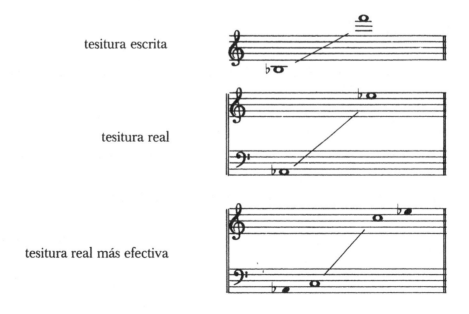

### 5.3.1.4 Saxo barítono (Eb)

Es un instrumento transpositor. Suena una treceava mayor baja.

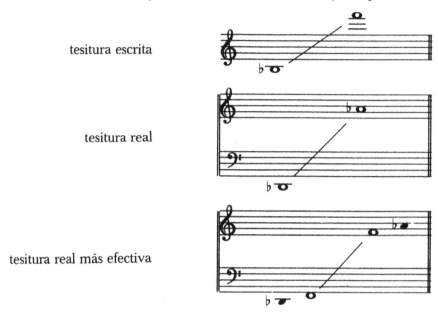

tesitura escrita

tesitura real

tesitura real más efectiva

Algunos saxos barítonos poseen una llave que les permite llegar en su registro grave hasta el "Do" del ejemplo

### 5.3.1.5 El saxo bajo (Bb)

Es un instrumento transpositor. Suena una segunda mayor y dos octavas más bajo de su escritura.

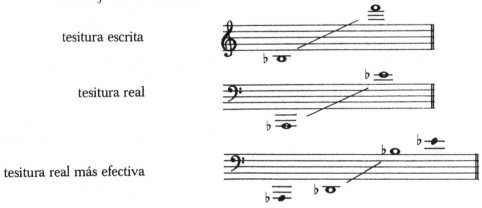

tesitura escrita

tesitura real

tesitura real más efectiva

Este instrumento no es de uso frecuente y es utilizado como pedal o reforzando las notas del bajo en ocasiones; no es, en mucho, tan flexible como los demás saxos.

5.3.1.6   El sopranino (Eb)

Además de los saxos ya señalados, existe el llamado "sopranino" que está en Eb y suena una octava más alto que el saxo alto.

5.3.1.7   Tesituras apropiadas para los saxos

En la escritura para saxos debe tenerse presente que la tesitura mejor es la indicada como "tesitura más efectiva". La tercera debajo de esta tesitura suena oscura y, aunque un buen instrumentista no tendrá grandes problemas en ella, es mejor evitarla en la escritura para un arreglo. La tercera superior es muy incisiva y algo estridente y crea problemas de afinación, aunque, como en el caso anterior, un buen instrumentista podrá solventar esta situación, será más adecuado evitar escribir en estos registros.

tesitura escrita

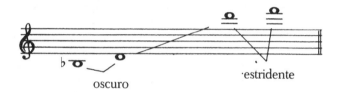

oscuro                                       ·estridente

La gran orquesta de Jazz utiliza una sección de saxos formada generalmente por dos altos, dos tenores y un barítono.

5.3.2   **El metal**

En este grupo la trompeta y el trombón son los instrumentos base.

En la orquesta de Jazz cada uno de estos instrumentos componen una sección. La de trombones está formada por cuatro de estos instrumentos, incluyendo a veces un trombón bajo. La sección de trompetas está formada por cuatro o cinco de estos instrumentos.

Las tesituras para todos ellos es sólo teórica ya que en su registro agudo tienen unas posibilidades directamente relacionadas con su intérprete. A pesar de esto el arreglista hará mejor, en general, ciñéndose a las tesituras naturales del instrumento, dejando estos registros altos para el solo, o en escrituras para un instrumentista específico.

### 5.3.2.1 La trompeta (Bb)

Es un instrumento transpositor. Suena una segunda mayor baja y se escribe en clave de Sol.

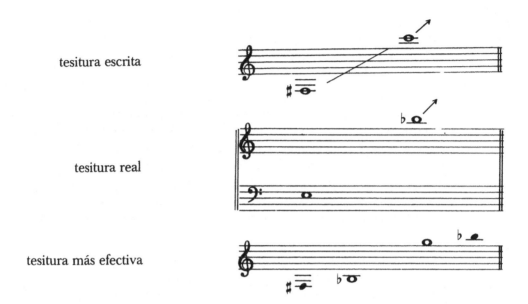

tesitura escrita

tesitura real

tesitura más efectiva

La tesitura más grave, entre el Mi y el Sib no es aconsejable en orquestaciones en sección, concretamente el Si natural es una nota de dificil afinación en este instrumento.

La trompeta es un instrumento enormemente flexible y permite cualquier tipo de ataque con gran precisión, incluyendo stacatos, legatos, arpegios, etc.

### 5.3.2.2 El Fiscorno

Es básicamente igual que una trompeta. Ha sido usado en solos de Jazz por su timbre más cálido que el de la trompeta. Como desventaja, la interpretación de su registro agudo, es algo más difícil.

### 5.3.2.3 El trombón (tenor)

Aunque teóricamente este instrumento está en Bb, no es un instrumento transpositor. Se escribe en clave de Fa.

tesitura real y escrita

tesitura más efectiva

Este instrumento permite algunas notas "pedal" más graves, el:

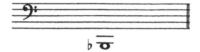

es el más frecuente, aunque también son posibles pero más difíciles:

A causa del sistema de conseguir las notas por medio de la "vara" es difícil, en el registro grave, conseguir pasajes rápidos que impliquen un cambio de posición brusco; esto no sucede en el registro medio o agudo, ya que el intérprete puede fácilmente seleccionar la nota entre las diversas posiciones.

La vara del trombón lo que consigue con sus deslizamientos es alargar o acortar la columna de aire de este instrumento. Cuando la vara está en primera posición, esto es, en posición cerrada, la serie armónica resultante es la de Bb.

Las siete posiciones del trombón:

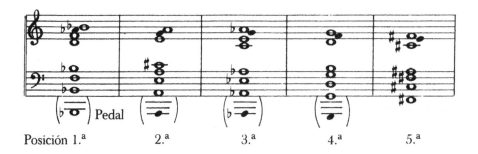

Posición 1.ª      2.ª      3.ª      4.ª      5.ª

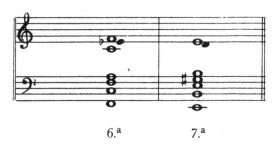

6.ª      7.ª

### 5.3.2.4 El trombón de pistones

Este instrumento es idéntico al trombón tenor de varas en tesitura y escritura, pero su uso es muy restringido, debido, en parte, a que su calidad sonora es inferior al de varas y a algunas dificultades de entonación, aunque, por otra parte, es técnicamente más sencillo.

### 5.3.2.5 El trombón bajo

Es un instrumento no transpositor y de gran utilidad para dar cuerpo a la sección de metal; desgraciadamente en muy pocas ocasiones se encuentra disponible en la orquesta.

tesitura

### 5.3.2.6 Trompa en Fa (French Horn)

Es un instrumento transpositor. Suena una quinta justa baja.

tesitura escrita

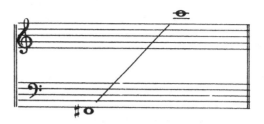

Debido a su gran tesitura se escribe en clave de Sol o Fa según el registro empleado.

tesitura real

tesitura más efectiva

registro más característico

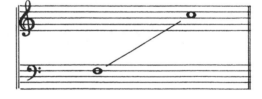

En la orquesta de Jazz se utiliza a veces este instrumento con la sección de trombones, como unión entre éstos y las trompetas. Cabe destacar un efecto muy usual de sordina con este instrumento, que, por lo general, se realiza colocando la mano dentro de la campana. La escritura de este efecto es similar a la usada con la sordina "plunger": Open = O, Cerrado = +. (Ver sordinas, 5.3.2.8.6).

### 5.3.2.7  La tuba

Aunque existen varios tipos, el más típico de estos instrumentos es el llamado "BBb Tuba" para distinguirlo del "Euphonium", que también se considera una tuba en Bb y está afinado una octava más alto que el BBb tuba.

BBb tuba no es un instrumento transpositor. Se escribe en clave de Fa.

tesitura real y escrita

tesitura más efectiva

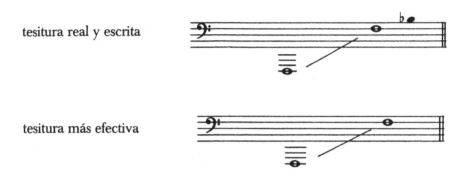

Es un instrumento enormemente potente, debe tenerse esto presente y evitar que no tape a los demás metales. Por esto las BBb tuba llevarán un dinámico en menos que el resto del metal.

Se usa poco como instrumento solista y su principal función es como reforzar al bajo o, incluso, haciendo la función de éste cuando no lo hay. Esto fue preferentemente utilizado en las orquestas de "Dixie" en los años "20" y en las bandas.

### 5.3.2.8  Las sordinas

La utilización de las sordinas es frecuente en el metal, aunque es conveniente asegurarse de su efecto antes de proceder a su uso en un arreglo.

#### 5.3.2.8.1 *La Cup*

Como toda sordina rebaja la intensidad del sonido emitido por el instrumento, además lo hace algo más suave.

#### 5.3.2.8.2 *La Straight*

Es una sordina típica de la música latina, aunque actualmente se utiliza en muchos estilos diferentes.

### 5.3.2.8.3 *La Harmon*

Esta sordina es distinta a todas las demás en el hecho de que el sonido pasa a través de ella. Ha sido muy usada en Jazz (Miles Davis) y permite el efecto Wa-Wa. Da un sonido característico y metálico.

### 5.3.2.8.4 *La Hat*

Sombrero originalmente. No es una sordina sino un sombrero que usaban las orquestas y que al colocarlo delante de la campana del instrumento amortiguaba el sonido dándole un timbre más suave.

### 5.3.2.8.5 *La Bucket*

Esta sordina produce un efecto más suave y aterciopelado que la anterior. Muy usado por la orquesta de Count Basie.

### 5.3.2.8.6 *La Plunger* (desatascador)

No es realmente una sordina, es simplemente un desatascador de tuberías. Se utiliza sosteniendo delante de la campana del instrumento este trozo de goma y al alterar el sonido natural produce el efecto de abierto-cerrado. Esto se indica: + = cerrado / O = abierto.

Este mismo efecto puede realizarse con un sombrero "Hat" o con la mano a falta de una sordina.

### 5.3.2.8.7 *In Stand* (en el atril)

Esta no es una sordina, esta expresión lo que indica es tocar encima del atril, de forma que el sonido queda "matado" por éste. Este efecto era usado como substituto de "Hat", por ejemplo, cuando los músicos no llevaban sombrero.

### 5.3.2.8.8 *Sordinas para trombón*

Básicamente son las mismas que para las trompetas, además algunas veces se puede encontrar en partituras para trombón la indicación "H.O.B.", que indica tocar colocando la mano encima de la campana del instrumento. El efecto es matar un poco el sonido.

Cuando en un arreglo se usa algún tipo de sordina, debe considerarse que el instrumentista necesita un cierto tiempo para colocarla y para sacarla (casi un mínimo de 5 a 7 segundos). Normalmente deberá haber unos compases en silencio antes de cada cambio.

Finalmente una consideración importante en el caso de la Plunger o el Hat: El intérprete debe sostener la sordina con una mano y el instrumento con la otra. Esto no es difícil para la trompeta, pero requiere un mayor esfuerzo para el trombón, ya que el instrumentista debe sostener el instrumento con el hombro cuyo brazo sostiene la sordina.

### 5.3.3 Los instrumentos de madera

En general estos instrumentos se utilizan como "doblaje", ya que en la orquesta de Jazz normalmente no hay una sección de madera, y son los saxofonistas los que doblan cuando es preciso; la mayoría de saxofonistas doblan flauta o clarinete. Esto no implica, claro está, el que hayan instrumentistas especializados en estos instrumentos.

Los doblajes más frecuentes son:

- *1er. alto:*  dobla pícolo, flauta y clarinete.
- *2.º alto:*  dobla flauta y clarinete.
- *1er. tenor:*  dobla clarinete (posible, aunque no muy frecuente, oboe y corno inglés).
- *2.º tenor:*  dobla clarinete.
- *Barítono:*  dobla clarinete bajo y a veces también fagot.

#### 5.3.3.1 La flauta

No es un instrumento transpositor. Es extremadamente versátil, permitiendo todo tipo de frases rápidas, staccatos, arpegios, etc.

tesitura escrita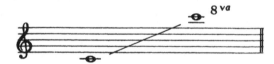

El sonido más característico se encuentra en la tesitura

La tesitura más baja de este instrumento es cálida pero difícil de oír mezclada con otros instrumentos.

64

La tesitura más aguda sólo es posible con un dinámico de fortissimo.

5.3.3.2   La flauta contralto (en Sol)

Es básicamente igual a la flauta, sólo que al ser un instrumento mayor necesita más aire, lo que se debe tener presente al escribir para este instrumento.

Es un instrumento transpositor. Suena una cuarta justa baja.

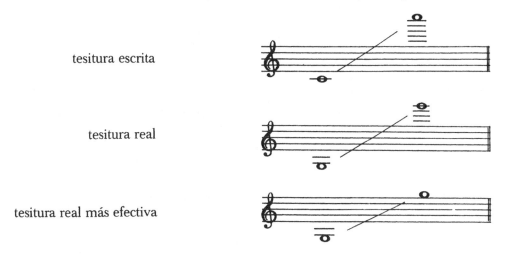

5.3.3.3   La flauta baja

Este es un instrumento poco usual. No es transpositor, aunque se escribe una octava alta de su sonido real.

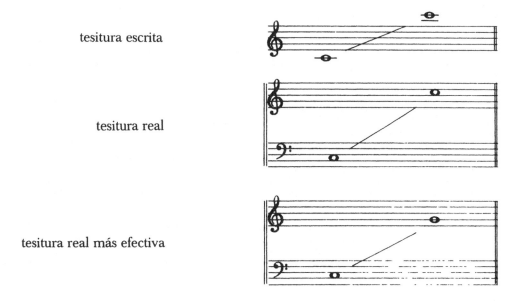

### 5.3.3.4 El pícolo

Es un instrumento no transpositor aunque se escribe una octava baja de su sonido real. Tiene la forma de una flauta normal y la mitad de tamaño aproximadamente. Es un instrumento extremadamente versátil para todo tipo de fraseo. Tiene un sonido muy penetrante que, añadido a su tesitura, le hace fácilmente destacable por encima de los demás instrumentos de la orquesta.

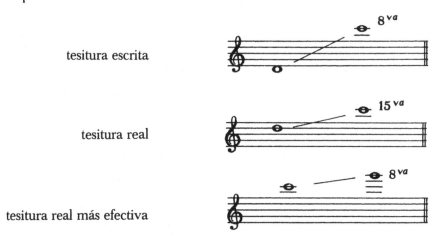

### 5.3.3.5 El efecto flutter (Sonido drrrr)

Este efecto se consigue en la flauta por medio de la lengua; se puede indicar con una línea ondulada y la palabra flutter encima:

### 5.3.3.6 El clarinete (soprano) (Bb)

Este instrumento es también muy versátil y puede usarse para todo tipo de frases rápidas, arpegios, staccatos, etc. Posee, además, una gran tesitura y un cambio de timbre importante entre su octava más grave y el resto de su tesitura. Esta octava grave tiene un sonido muy delicado y suave; en algunos tratados se le llama "chalameau". Este registro es muy indicado para solos y no tanto para usarlo en sección. A partir del La 3 hacia arriba la sonoridad es clara y es frecuente usarlo en secciones de saxos como primera voz (voz lead). Se escribe en clave de Sol y suena una segunda mayor baja.

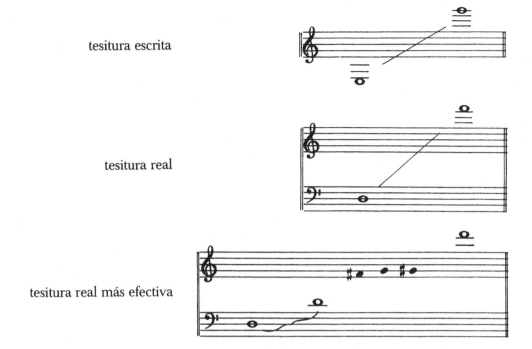

tesitura escrita

tesitura real

tesitura real más efectiva

Las notas Fa ♯ , Sol y Sol ♯ son consideradas de difícil entonación y marcan el cambio de timbre, aunque en los instrumentos actuales no debe haber un verdadero problema en la afinación de estas notas.

5.3.3.7   El clarinete bajo (Bb)

Esta afinado en Sib, por lo que es un instrumento transpositor, y suena una novena mayor baja de su tesitura.

Técnicamente es igual al clarinete soprano.

tesitura escrita

tesitura real

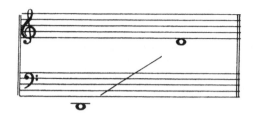

tesitura real más efectiva

Existen, además de los citados clarinetes, otros en Mib Y La que se usan en bandas militares y orquestas sinfónicas, pero que raramente se usan en las orquestas modernas.

5.3.3.8   El oboe

Este es un instrumento no muy usual en la orquesta de Jazz o comercial, y su utilización es casi exclusiva de grabaciones. Su sonoridad es peculiar y algo nasal. Es de buen efecto usarlo en combinación con una sección de cuerda.

Técnicamente no es tan versátil como la flauta o el clarinete y deberá evitarse arpegios muy rápidos y articulaciones propias del Jazz. Deberá también tenerse en cuenta que se necesita muy poco aire para hacer sonar este instrumento, lo que por una parte es una ventaja para hacer notas largas, puede resultar un inconveniente al necesitar el instrumentista pausas donde expeler el aire.

No es un instrumento transpositor y se escribe en clave de Sol.

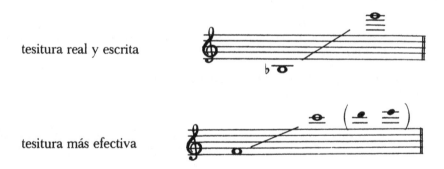

tesitura real y escrita

tesitura más efectiva

5.3.3.9   El corno inglés

Es un oboe contralto y se escribe una quinta justa alta, así pues es un instrumento transpositor.

No es usado, por lo general, en la orquesta de Jazz y su papel se reduce a algún fraseo en arreglos comerciales en disco.

Tiene una sonoridad más suave que el oboe y es muy expresivo. De muy buen efecto también, combinándolo con una sección de cuerda.

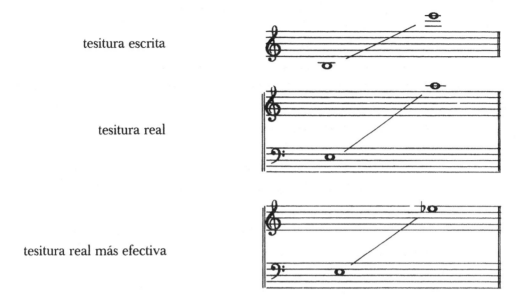

tesitura escrita

tesitura real

tesitura real más efectiva

### 5.3.3.10 El fagot

No es un instrumento usual en las orquestas modernas, tampoco es normal encontrarlo como instrumento solista. Su sonido es muy característico, sobre todo su registro más grave, y en staccato, ha sido usado muchas veces como instrumento descriptivo, con tono de humor o macabro, según su tratamiento.

No es un instrumento transpositor y se escribe en clave de Fa.

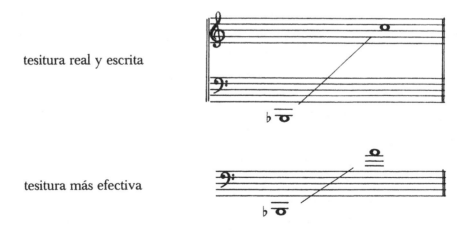

tesitura real y escrita

tesitura más efectiva

5.4    LA SECCION DE RITMO

La sección de ritmo está formada básicamente por cuatro instrumentos: el piano, la guitarra, el bajo o contrabajo y la batería.

5.4.1    **La guitarra**

Hay varios tipos de guitarras que se usan en la actualidad. Su escritura y tesituras son básicamente las mismas, aunque no su sonoridad. Los tres tipos básicos son:

– La guitarra clásica o española, que acostumbra a tener cuerdas de nylon y cuerdas entorchadas.
– La guitarra acústica, en la que las cuerdas son metálicas.
– La guitarra eléctrica, también de cuerdas metálicas, pero prácticamente sin caja de resonancia, de forma que sin un medio auxiliar electromagnético es casi inaudible.

Los dos primeros tipos, aunque disponen de una "caja de resonancia", cuando trabajan en orquesta deben usar, en general, un micrófono para que su sonido resulte amplificado, ya que si no sería fácilmente enmascarado por el resto de instrumentos.

La guitarra no es un instrumento transpositor, aunque se escribe una octava más alta de su sonido real.

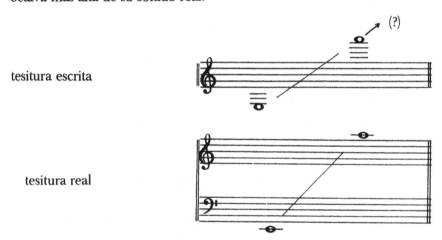

tesitura escrita

tesitura real

Este instrumento tiene seis cuerdas (aunque existen guitarras de doce cuerdas, que en realidad son seis dobles cuerdas) que están afinadas:

sonido real

CUERDAS......... 6.ª      5.ª      4.ª      3.ª      2.ª      1.ª

70

Aunque en este instrumento cualquier fraseo en cualquier tesitura es posible, la tesitura que se indica como más efectiva es la más usual y donde el intérprete tiene más posibilidades de escoger la posición donde tocar la frase. En cambio en las tesituras extremas estará obligado a hacerlo en una determinada posición.

La guitarra cumple tres funciones en la orquesta:

      Rítmica
      Armónica
      Melódica


5.4.1.1   La función rítmico-armónica de la guitarra

Las dos primeras funciones están íntimamente relacionadas y la utilización rítmico-armónica de este instrumento es casi constante en las orquestas y grupos actuales.

Cuando es utilizada de esta manera, la escritura que se usa normalmente es cifrada.

En general se deja la inversión y disposición de los acordes a criterio del instrumentista. En casos muy especiales, en los que se requiere una determinada voz (lead) puede usarse:

El instrumentista deberá tocar, en este caso, una disposición cuya voz (lead) más aguda sea la indicada.

71

Cuando se desea un determinado ritmo se indica al principio de la partitura.

Cuando se desea un ritmo específico, éste puede indicarse al principio de la partitura; después se indica "simile" o "similar".

Cuando un determinado efecto se desea, se indica:

El instrumentista tocará ritmo de Bossa Nova hasta el compás en que el efecto rítmico está indicado, tocará éste, y seguirá con Bossa, a menos que se indique lo contrario.

### 5.4.1.2   La función melódica de la guitarra

La función melódica de este instrumento (preferentemente la guitarra eléctrica) tiene amplias posibilidades, tanto en "solo" como en sección, apoyando, doblando o incluso llevando una voz de la sección de saxos o metales. La adecuada ecualización de su timbre será necesaria según se pretenda usarla con una u otra sección.

Es también un efecto muy usado el de doblar al bajo o al contrabajo una octava alta o tocando la décima superior a una determinada frase del bajo.

72

### 5.4.2 El bajo (contrabajo y bajo eléctrico)

La tesitura y utilización es la misma en ambos instrumentos.

El contrabajo es el instrumento tradicional para la línea de bajo y es el preferido para el Jazz hasta los años sesenta. En la música comercial y el Jazz más actual se prefiere el bajo eléctrico.

No es un instrumento transpositor, aunque se escribe una octava más alta y en clave de Fa.

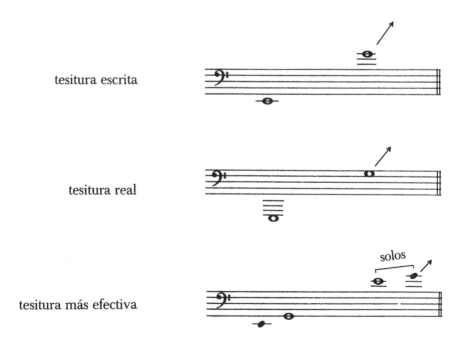

73

Este instrumento tiene cuatro cuerdas afinadas igual que las cuatro cuerdas graves de la guitarra y una octava más baja.

Escrito.
Cuerdas al aire

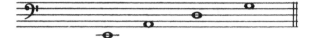

El papel del bajo es uno de los más importantes en la orquesta. Su función está dividida en tres aspectos principales:

Rítmico,
armónico y
melódico

– Rítmico: Junto con la batería es el instrumento encargado de sostener el tiempo y ritmo de la música. El batería acoplará generalmente su interpretación a la "línea de bajo".
Para la música rítmica, latina, funky, etc., el bajo eléctrico es preferido, en general, por sus posibilidades de pulsación más percutivas.
– Armónico: El bajo en general es el sostén de la armonía. El toca normalmente la nota más grave, él es el que nos ayuda a oír y entender la progresión armónica.
– Melódica: La curva melódica (línea de bajo), es un factor principal en el sentido global de la orquesta. Como parte extrema es fácilmente identificable por el oído; además su curva melódica es, en general, definitoria de un estilo.
Así la "línea de bajo" en Swing es el "walking bass line", que es completamente diferenciable de la línea de bajo tipo latino y cada una de ellas especifica un estilo.

## 5.4.2.1 Línea de bajo

Para crear una adecuada línea de bajo se deben tener presentes las siguientes consideraciones:

a) Mantener al bajo en la tesitura indicada como más efectiva. Evitar las notas más graves, pues quedan poco definidas al oído debido a su tesitura extremadamente grave, y evitar especialmente el "Mi" de la cuarta cuerda (al aire).
La tesitura superior se usa principalmente en solos o en doblajes melódicos de otros instrumentos; en esta tesitura pierde su condición de línea de bajo.
b) La primera nota que tocará el bajo en un cambio de acorde, será la fundamental del mismo, excepto cuando una determinada inversión esté indicada.

En ciertas situaciones de música comercial, en que se sucede el encadenamiento V-I-V-I, se puede usar:

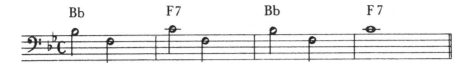

siendo la 5.ª la primera nota tocada del V7.

c) Dos acordes por compás:

Si se desea más actividad que la de tocar sólo la fundamental, se puede usar su repetición:

Otra forma frecuente de rellenar es la utilización de la 5.ª del acorde:

d) En general se pueden usar notas de la escala del momento teniendo presente:
   – La última nota que toca el bajo antes de entrar en un nuevo acorde es la fundamental, o una nota que se mueva por grado conjunto hacia la próxima fundamental (diatónica de aproximación).

– También pueden usarse notas que no siendo de la escala se mueven cromáticamente (cromática de aproximación).

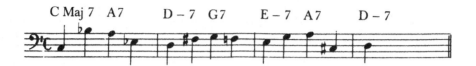

– Despliegues de acordes son usados frecuentemente, sobre todo de (1,3,5), no usando la 7.ª si no va a moverse por grado conjunto.

– Cuando el movimiento entre fundamentales es de cuarta o quinta se puede usar el enlace (5-b5-1).

– Dentro de una misma armonía se pueden usar libremente notas del acorde y diatónicas de aproximación, teniendo en cuenta que las notas NO del acorde deben ser de aproximación, evitando situaciones como:

Cuando una determinada inversión está indicada en el cifrado, esta nota toma propiedades de fundamental y debe ser la que toque el bajo en primer lugar.

### 5.4.2.2 Estilos

- Walking: usado normalmente en Jazz. Se caracteriza por una sucesión de negras ( ♩ ♩ ♩ ♩ ).

- Bossa Nova: Caracterizado por el ritmo o ( ♩. ♫♩. ♪ ).

- Baladas: Caracterizadas por el ritmo ( ♩ ♩ ):

– Funky: Entre las muchas posibilidades:

– Latino:

Guaracha, Rumba, Son, Mambo, Chacha-cha:

Guaguanco, Guaracha, Son, Rumba:

Merengue:

Son, Mambo, Guaracha:

Bolero:

Cumbia:

Guajira:

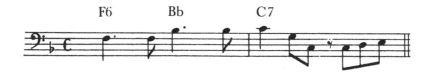

Calipso latín jazz:

En música latina muchos de los patrones de bajo son comunes a varios estilos, cambiando únicamente la velocidad.

C6

C6

Samba: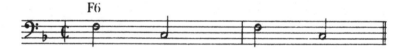

F6

En muchos temas de Rock el bajo adopta un patrón rítmico y va repitiéndolo adecuándolo a la armonía.

Finalmente, es conveniente indicar en la partitura de bajo el cifrado correspondiente, aunque no es imprescindible.

Además es usual dejar la línea de bajo "ad-lib" en los solos (open solos) y, en este caso, el cifrado sí es imprescindible.

Hay que tener presente la importancia de la línea de bajo, ningún buen arreglista dejará ésta al criterio del instrumentista más que en el open solos como se ha citado antes.

### 5.4.3 El piano

No es un instrumento transpositor y tiene la máxima tesitura utilizable en la orquesta; se escribe usando dos pentagramas simultáneamente, uno en clave de Sol y otro en clave de Fa.

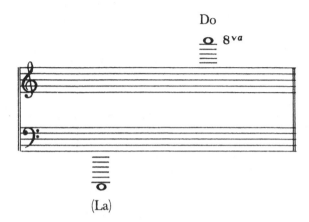

En el piano son posibles todo tipo de fraseos en cualquier tesitura, teniendo como limitación únicamente al intérprete.

Funciones:
- Rítmico-armónica
- Melódica
- Ambas simultáneamente

### 5.4.3.1 Rítmico armónica

Cuando se usa este instrumento de esta manera se escribe en general de forma cifrada, similar a la empleada en la guitarra, dejando la disposición del acorde a criterio del instrumentista. En este caso se usa más frecuentemente un solo pentagrama en clave de Sol, encima del cual se indican los cifrados y en su interior los efectos rítmicos específicos en caso de desearlos.

Se puede usar otra forma de escritura que consiste en la descrita anteriormente y un pentagrama en clave de Fa donde se escribe la línea que toca el bajo a la tesitura real.

Este pentagrama con la línea de bajo se incluye sobre todo como orientación para el pianista y no para que la toque.

Cuando por alguna razón no se desea la usual escritura con cifrados, el piano-rítmico-armónico puede escribirse de la siguiente manera:

1.º Primer y tercer tiempo en la mano izquierda y segundo y cuarto en la derecha, para conseguir un efecto ágil sobre la progresión de acordes.

La distribución será, normalmente, la fundamental en la mano izquierda y tres notas en la mano derecha, las tres notas del acorde en caso de ser tríada, y en el caso de ser cuatríada, las tres notas restantes del acorde, ya que la fundamental estará en la mano izquierda. Tratar de mantener estas notas en la tesitura:

2.º Mantener las tres voces de la mano derecha en el ámbito de una octava.

3.º Para conseguir un efecto más enérgico usar:

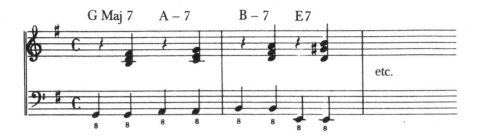

Para evitar escribir muchas líneas adicionales, se usa un "8" debajo de la nota; esto indica tocar dicha nota y la octava baja. Un "8" encima indicará la nota y su octava alta.

Pueden usarse también combinaciones de lo anterior.

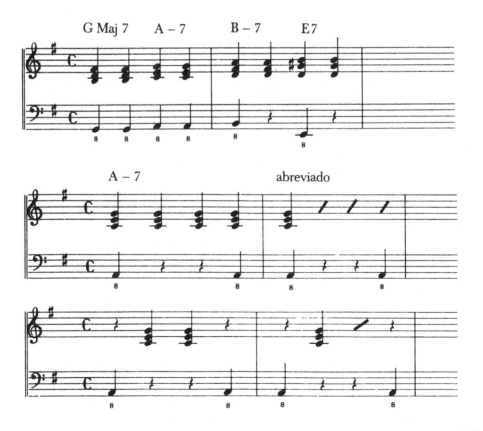

En cualquier caso tratar de mantener continuidad armónica entre las notas de la mano derecha.

### 5.4.3.2 Melódica

El piano es un instrumento adecuado como solista en cualquier tipo de frase, puede emplear además diversas técnicas, como tocar una frase en octavas con una mano o en cuatro octavas con las dos.

Terceras o sextas son usuales tocando una melodía en piano, aunque cualquier intervalo es posible teniendo presente que con una mano, un instrumentista estándar, alcanza con seguridad una octava.

Una mano grande puede llegar a tocar una onceava aunque no en todas las disposiciones es posible, y además la seguridad en los ataques decrece en mucho a partir de la octava.

Otro de los recursos del piano es el uso del pedal, aunque por lo general se deja a criterio del intérprete; se puede escribir específicamente, por medio de la palabra "Ped" seguida de un corchete, que indica la duración del pedal, hasta donde debe mantenerse apretado.

### 5.4.3.3 Piano conductor

El piano conductor es útil en determinadas ocasiones. El escribir una partitura para el piano en la que se especifican varias líneas melódicas, además de la armonía, es el llamado piano conductor.

84

En general, la partitura del piano conductor, contiene el bajo, las principales líneas melódicas de background y la melodía principal, así como la armonía cifrada y escrita específicamente, de forma que rítmicamente defina la de la obra en general.

Esta partitura es útil, por ejemplo, para ensayo de un cantante sin necesidad de convocar a toda la orquesta o en casos de actuación sólo con pianista donde éste puede rellenar con las líneas melódicas allí indicadas.

### 5.4.4 La batería

La batería está formada por un conjunto de instrumentos. El equipamiento básico está formado por:

- La caja
- El bombo
- El timbal pequeño
- El timbal grande
- El timbal de pie (Goliat)
- Un plato (dos frecuentemente)
- Un charles

Aunque, claro está, cada instrumentista añade a su gusto más o menos instrumentos.

Estos instrumentos están divididos en dos grupos, los metálicos que son los platos y el charles, y los instrumentos de "parche" que son tipo tambor, donde el instrumentista golpea sobre un cuero o plástico tensado.

Para tocar estos instrumentos el baterista utiliza las baquetas principalmente, aunque también se utilizan escobillas y mazos.

La función básica de la batería es mantener el ritmo, aunque también apoyar determinadas figuraciones de otras secciones.

Se escribe usando la clave de Fa, aunque también puede hacerse sin clave, ya que al ser un instrumento de sonoridad indeterminada, las notas escritas en la clave no determinan en ningún modo su altura.

La escritura para este instrumento es especial en la medida de indicar el ritmo deseado y dejar su interpretación al instrumentista.

Así cuando se desea un ritmo como "Bossa Nova" o "Swing", etc., no se indica específicamente lo que debe tocar y dónde, sino que se indica solamente el ritmo.

Bossa Nova                                                                etc.

Cuando se desea algún tipo especial de efecto, un "break", por ejemplo, junto al resto de la sección rítmica es usual indicarlo:

Con esta indicación la batería remarcará los efectos rítmicos que hace la sección de ritmo, utilizando a su aire los timbales, platos, etc.

Cuando se escribe más específicamente para la batería se acostumbra a usar un espacio para cada uno de los instrumentos de que se compone, así el bombo se escribe en el primer espacio.

Hay que tener presente que en la escritura para los instrumentos de "parche" lo importante es el ataque, no la duración, ya que es imposible mantener el sonido.

86

Bombo

En los tres ejemplos el resultado es el mismo, así que lo mejor será escribir el que resulte de lectura más fácil.

Para la caja se acostumbra a usar el tercer espacio.

Caja

En el caso de desear indicar, además, los ataques en los timbales, se puede definir previamente su colocación.

Timbal pequeño
Timbal pie

La escritura para los platos o el charles se hace en el primer espacio, aunque a veces se escribe encima de la primera línea. Además, se utiliza la notación siguiente:

Platos

El charles, si no es en el caso de que se desee algún ritmo específico, no se indica y el instrumentista supone que debe atacar en el segundo y cuarto tiempo.

Charles

Es frecuente indicar el ritmo del bajo en la línea de bombo, así:

El baterista sabe que el bajo va a dos o a cuatro, ello no es más que una indicación, no es lo que debe tocar.

Cuando un ritmo especial se desea, se puede indicar en el primer compás y colocar el signo de repetición de compases después, o indicar *simil*.

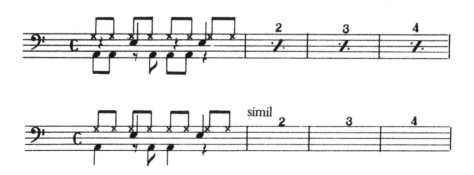

Dado que durante muchos compases a veces el instrumentista mantendrá un patrón rítmico, es conveniente numerarlos, a fin de ayudarle a contar. No estará de más indicar encima del pentagrama una entrada o frase precisa de alguna sección, para más orientación.

Con esta indicación, además, el instrumentista podrá apoyar estos determinados efectos de las otras secciones.

Otro efecto usual es dejar a la batería rellenar un "Break". Lo más frecuente es dejarlo "Ad-lib" indicando dónde empieza y dónde acaba. Se indica con la palabra "Fill".

Otro efecto a conocer por el arreglista es el del redoble, éste se indica:

Para platos o charles y:

para caja.

Puede también indicarse redobles en los timbales, pero no en el bombo.

El redoble consiste en golpear repetida y alternativamente con las dos baquetas o escobillas encima de un parche o plato.

La sección de ritmo está formada generalmente por estos cuatro instrumentos que se acaban de comentar en este capítulo; puede haber, sin embargo, cualquier omisión o adición según el estilo.

Esta sección, como se ha visto, es la que ofrece mayor libertad al instrumentista en su interpretación, cosa que no sucede en las otras secciones, metal, saxos, cuerda, excepto en los solos.

## 5.5 LOS INSTRUMENTOS DE PERCUSION DE SONIDO DETERMINADO

En este grupo se incluyen el vibráfono, la marimba, el xilófono y las campanas.

### 5.5.1 El vibráfono

Es un instrumento de láminas de distinta longitud, que al ser golpeadas por una maza producen el sonido, y cuya caja de resonancia son tubos también de distinta longitud. Este instrumento va provisto de un motor que produce un vibrato cuando así lo desea el percusionista. Está provisto además de un pedal "sustain" igual que el del piano.

La tesitura real y escrita es:

La tesitura central es la más usual. La octava más grave es poco precisa.

Normalmente el percusionista utiliza una maza en cada mano, aunque se pueden usar cuatro mazas para producir acordes en situaciones especiales.[1] Algunos percusionistas llegan a utilizar cinco o seis mazas, aunque no debe pensarse en ello como un recurso al escribir para este instrumento, ya que el percusionista estándar no podría utilizarlos efectivamente.

Las mazas empleadas son de dos tipos, blandas o duras, siendo las blandas las usadas normalmente.

### 5.5.2 La marimba

Este es un instrumento similar al vibráfono, ya que el sonido se produce al golpear unas láminas, que en este caso son de madera.

---

[1] Gary Burton ha sido uno de los impulsores de la utilización de cuatro mazas.

Es un instrumento típico de la música latino-americana y no tiene pedal de "sustain", con lo que se debe recurrir al trémolo para mantener una nota.

tesitura real y escrita:

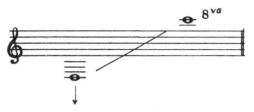

### 5.5.3   El xilófono

Es un instrumento similar a los anteriores con la particularidad de que se escribe una octava baja de su sonido real.

tesitura escrita                                      sonido real

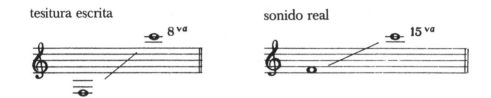

### 5.5.4   Las campanas

Este instrumento está formado por un conjunto de tubos metálicos, a los que se golpea con una maza dura o un martillo. Se escribe en clave de sol y dos octavas bajas de su sonido real.

tesitura escrita

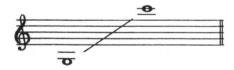

### 5.6   LOS INSTRUMENTOS DE PERCUSION DE SONIDO INDETERMINADO

### 5.6.1   Las claves

Son dos trozos de madera y el sonido se consigue al golpear una sobre la otra.

### 5.6.2   Las maracas (originales)

Están fabricados con una fruta tropical (güiro) secada y rellenada con semillas; tienen forma de pera. Se usan a pares y se tocan agitándolas.

### 5.6.3   El güiro

Se fabrica de diversos materiales, aunque el original es la misma fruta que el de las maracas. Se toca con un palo o caña frotando en la parte rugosa del mismo.

### 5.6.4   El cencerro

Es metálico y se utiliza golpeándolo con una baqueta o palo.

### 5.6.5   La conga, la tumbadora y el quinto

Son tres instrumentos de parche, el sonido se produce al golpearlos con las manos. La diferencia principal entre estos instrumentos estriba en lo más grave (conga) o agudo (quinto) de sus sonidos.

### 5.6.6   Los bongos

Son dos pequeños tambores, uno de sonido más agudo que el otro y se tocan también con las manos.

### 5.6.7   Escritura para estos instrumentos

La escritura para estos instrumentos se hace en clave de Fa o sin clave y su función es básicamente la de mantener un determinado ritmo.

Lo usual es escribir el ritmo y dejar que el percusionista lo ejecute a su manera.

En cuanto a su escritura y posibilidades es muy interesante el desarrollo realizado por Pedrito Díaz en su tratado "Percusión Afro-Latina".

Ritmos usuales para maracas y clave:

## 5.7    LOS INSTRUMENTOS DE CUERDA

La sección de cuerda está formada por el violín, la viola, el violoncelo y el contrabajo.

Esta sección no es habitual en las orquestas modernas y, a parte del contrabajo, que se incluye en la sección de ritmo, el resto de instrumentos de esta sección se usan raramente en Jazz.

La utilización en música comercial se hace únicamente en grabaciones y casi nunca se usa en directo. Quizás el motivo principal es que los instrumentos de esta sección emiten una cantidad de sonido muy inferior (que el metal, por ejemplo), lo que obliga en la orquesta sinfónica, en la que esta sección es básica, a tener 24 o más violines que, en general, se dividen en dos grupos, cada uno de los cuales tocan la misma partitura. Lo mismo sucede con las violas y los cellos, aunque debido a la mayor intensidad de sonido emitido reducen su número proporcionalmente.

Aunque las proporciones pueden variar, se acostumbra a usar:

1 contrabajo, 2 cellos, 2 violas
(3)  4 violines primeros
(3)  4 violines segundos

Esta proporción en una gran orquesta sinfónica puede llegar a:

16 violines primeros

16 violines segundos

12 violas

6-8 cellos

4 contrabajos

Los instrumentos de cuerda tienen enormes posibilidades interpretativas, fraseos rápidos, staccatos, trinos, etc.

Además la posibilidad de emitir varios sonidos simultáneos, a base de dobles, triples y cuátriples cuerdas, aunque será necesario un buen conocimiento del instrumento para escribir estas posibilidades.

El sonido se produce normalmente por frotación con el arco; también se puede usar el pizzicato que se produce con los dedos indicándolo con "pizz" encima del pentagrama; cuando se desea volver al arco simplemente se indica "arco".

El movimiento del arco hacia arriba o abajo se indica con los signos (∏ arco para abajo) (V  arco para arriba).

### 5.7.1 El violín

Se escribe en clave de Sol y no es transpositor. Tiene cuatro cuerdas afinadas:

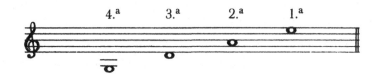

La tesitura usual en orquesta es:

### 5.7.2 La viola

No es un instrumento transpositor y se escribe usando la clave de Do en tercera y la de Sol. Es uno de los pocos instrumentos que todavía usan esta clave de Do.

El uso de estas claves se hizo seguramente para centrar al máximo la tesitura del instrumento en la clave, aunque con el uso de las de Fa y Sol esto también sería posible. A pesar de ello se sigue utilizando esta clave de Do en 3.ª para este instrumento.

En otros casos, como en el trombón, ha desaparecido su uso totalmente. En este instrumento se utilizaba la clave de Fa, y la de Do en cuarta para la escritura más aguda.

La viola tiene cuatro cuerdas afinadas:

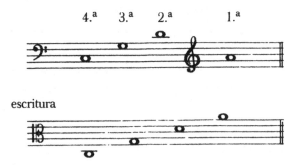

escritura

tesitura más usual:

### 5.7.3 El violoncelo

Tampoco es un instrumento transpositor y se escribe en clave de Fa; tiene cuatro cuerdas afinadas:

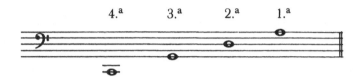

La tesitura usual en orquesta es:

## 5.8 LOS INSTRUMENTOS ELECTRONICOS

Estos instrumentos son los de más reciente incorporación a la orquesta moderna, principalmente son los sintetizadores y las cajas de ritmo. Su evolución es constante y rapidísima, lo que hace imposible precisar acerca de ellos, debido a que lo actual hoy en día, dentro de tres meses ha sido ya sobrepasado por un nuevo modelo, que ofrece muchas más posibilidades que el anterior.

Globalmente se puede indicar que las cajas de ritmo son instrumentos en los que se puede programar uno o varios ritmos, definidos por el intérprete y que se repetirán constantemente hasta que el intérprete lo pare o modifique el ritmo. Algunas cajas de ritmo permiten programar, además, una línea de bajo que también se va repitiendo constantemente, y los *secuenciadores* permiten ya la grabación de distintos sonidos en diferentes pistas creando una secuencia melódico-armónica que se irá repitiendo constantemente.

Por otro lado los sintetizadores son instrumentos que consiguen imitar muchos timbres de instrumentos y además crean timbres que no produce ningún otro instrumento. Los sintetizadores están acoplados generalmente a un teclado, aunque también existen para guitarra.

Actualmente los sintetizadores son casi siempre polifónicos, o sea que pueden producir varios sonidos a la vez. Contrariamente a lo que sucede en los instrumentos convencionales, cada fabricante dota a sus instrumentos de unas posibilidades particulares, ya programadas, a las que el intérprete accede fácilmente, aunque la faceta más importante de estos instrumentos, es la posibilidad que dan de crear y almacenar sus propios sonidos.

Actualmente algunos fabricantes se han puesto de acuerdo para que sus sintetizadores sean compatibles, unos con otros, y puedan conectarse entre sí (M.I.D.I.). Esto, entre otras cosas, posibilita que tocando un teclado suenen varios conectados entre sí y cada uno programado con un sonido distinto.

La forma de escribir para estos instrumentos, de una manera sencilla, es indicar el timbre que se desea encima del pentagrama e indicar en éste la melodía, melodías o acordes que se deseen.

# VI. ARTICULACIONES Y DINAMICOS

Las articulaciones y los dinámicos son signos que sirven para indicar cómo debe tocarse una determinada nota o frase musical. Esta forma de comunicación entre el arreglista y el intérprete es de vital importancia y, sin estos signos, poco dice una partitura de cómo debe interpretarse.

## 6.1   DINAMICOS

Los dinámicos regulan la cantidad de sonido que se debe emitir.

Básicamente la interpretación se puede regular con cinco dinámicos:

| | | |
|---|---|---|
| pp | pianísimo | muy flojo |
| p | piano | flojo |
| mf | mezzo forte | medio fuerte |
| f | forte | fuerte |
| ff | fortíssimo | muy fuerte |

Estos signos se colocan debajo del pentagrama al que deben afectar y el instrumentista tocará con dicho dinámico hasta que se le indique lo contrario.

## 6.2   REGULADORES DE DINAMICOS

Estos signos ( $\longleftarrow$ $\longrightarrow$ ) se emplean para producir un aumento o disminución progresiva del dinámico inicial.

Son de gran efecto empleados en el metal o los saxos cuando sostienen una nota.

### 6.3 ARTICULACIONES

Las articulaciones indican el cómo debe interpretarse una determinada nota o grupo de notas.

#### 6.3.1 La ligadura de expresión

Se indica con una línea curva, encima o debajo de un grupo de notas (dos o más) e indica que la ejecución de dichas notas debe hacerse ligada, o sea sin respirar para los instrumentos de viento o la voz y la misma dirección de arco en los de cuerda.

Se usa también abarcando dos notas e indica marcar, acentuar más la primera y acortar algo la segunda.

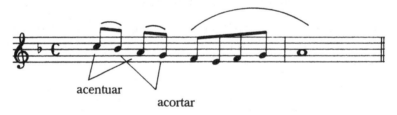

#### 6.3.2 El "staccato"

Se indica con un punto encima o debajo de una nota e indica tocarla acortando su valor en la mitad aproximadamente, implica además una cierta acentuación.

98

### 6.3.3 El ligado-staccato

Esta articulación es poco usada en música moderna y representa unir las dos articulaciones de forma que se separan las notas sin dejar de ligarlas, o sea sin respirar entre ellas.

Ejecución aproximada

### 6.3.4 El signo ∧ (DAT)

Representa un fuerte y corto acento y se coloca encima de una nota; la duración de ésta viene recortada aproximadamente en 1/3 de su valor.

### 6.3.5 El signo > (DRUI)

Indica también una fuerte acentuación, pero la nota sobre la que se ha colocado mantiene su valor.

### 6.3.6 Glisandos

Estos signos son usados preferentemente en el metal.

6.3.6.1 Glisando corto

Indica tocar la nota en su justa afinación y dejarla caer un poco de afinación.

### 6.3.6.2 Glisando largo

Igual que el anterior sólo que la caída debe ser mayor.

### 6.3.6.3 Glisando corto ascendente

Representa atacar la nota un poco baja en afinación y subirla hasta su justa afinación.

### 6.3.6.4 Glisando largo ascendente

Igual que el anterior, sólo que empezando en una afinación mucho más baja.

Estos efectos se denominan de medio pistón ya que los instrumentos que los ejecutan los hacen así, apretando el pistón a la mitad aproximadamente, con lo que producen una afinación imprecisa.

### 6.3.6.5 Glisando cromático

En teoría representa deslizarse hacia arriba o hacia abajo pasando por las notas cromáticas. El efecto se consigue mediante el acto de pulsar y soltar rápidamente los pistones o llaves en el caso de los saxos y clarinetes.

### 6.3.7 Shake (batido)

Este es un efecto típico para trompeta. Consiste en tocar la nota indicada con "Shake" y la tercera (menor casi siempre) superior lo más rápidamente posible.

Se utiliza preferentemente en la tesitura aguda.

efecto aproximado

### 6.3.8   **Bend** ∪

Indica tocar la nota en su afinación, bajarla y luego volver a recuperar su afinación.

efecto aproximado

### 6.3.9   **Trinos**

Estos son poco usados en la música actual y representan la ejecución, lo más rápidamente posible de la nota indicada y su diatónica superior.

efecto aproximado

### 6.3.10   **Growl (gruñir)**

Este efecto consiste en emitir el aire como si se fuera a pronunciar una "R" las personas que no saben hacerlo. Se usa con preferencia en la flauta y en los registros graves, también es posible en la trompeta y puede lograrse más efectivamente con un batido de la lengua. Se indica:

Growl

# VII. CONSIDERACIONES GENERALES EN EL ARREGLO DE ORQUESTA

Debe tenerse presente que al realizar un arreglo, todo puede cambiarse, la armonía, la melodía, el ritmo, etc., totalmente o en parte. Lo que, claro está, no debe perderse de vista es el objetivo del arreglo, ya que las modificaciones pueden ser tan importantes que se puede llegar a que sea difícil reconocer el tema original. Un buen arreglo será aquel que no sólo es bueno técnicamente, sino que además es el adecuado para el fin a que se destina.

Al realizar un arreglo para un tipo de orquesta con la que no se está familiarizado y, en el caso de no poder probar y rectificar fácilmente, es mejor ir a lo seguro; esto evitará muchos disgustos al arreglista, productor, etc.

Tener presente que un arreglo se juzga por lo bien que suena y no por lo difícil que resulta interpretarlo.

Programar el arreglo, antes de empezar a rellenar la partitura de orquesta, tener ya un esquema del arreglo, qué es lo que va a pasar en el primer coro, en el segundo, qué instrumento llevará la melodía en esta frase, cuál el Background, cómo estará armonizado esto, etc.

Es muy útil además antes de empezar la partitura para la orquesta realizar un guión tipo "piano conductor" en donde están la melodía, los Backs y contramelodias, el cifrado, el bajo y una idea de dinámicos.

Cuando todo esto se ha realizado será muy fácil distribuirlo en la partitura de orquesta y acabar de pulir o desarrollar las ideas ya especificadas.

Los instrumentos transpositores se pueden escribir en sonido real o ya transportados en la partitura de orquesta. El segundo sistema tiene la ventaja del abaramiento de las copias, ya que el copista cobrará más si tiene que transportar, pero, por otro lado, no ofrece ninguna ventaja. El arreglo a sonido real ofrece, en cambio, la ventaja de la claridad, tanto para el que lo escribe como para el que dirige o para el que lo estudia.

Cuando hay varios instrumentos iguales deben numerarse a fin de poder dirigirse a uno en particular durante los ensayos.

Normalmente, si hay cuatro trompetas, será la primera trompeta la que lleve la partitura más aguda.

Separar, además, las secciones, o sea, trompetas 1 a 4, trombones 1 a 4, saxos alto 1 y 2, saxo tenor 1 y 2 (o tenor 3 y 4).

En la partitura de orquesta es usual cuando unos instrumentos tocan una frase al unísono u octavas de otro, no escribir la frase en todos sino "col trompeta 1.ª", por ejemplo:

En el ejemplo las trompetas 2 y 3 y el alto tienen unísono con la trompeta primera, excepto en la última nota; para claridad se dividen en el último motivo. Los dos tenores tocan 8vb* y la frase de la primera trompeta y el primer tenor se divide, ya que tocan exactamente igual al primer trompeta. Evidentemente, el copista copiará la frase del primer trompeta en cada partitura transportada adecuadamente y con los mismos dinámicos y articulaciones.

Otro dato a tener en cuenta son los "cierres" de las notas largas cuando se producen entre varios instrumentos.

---

\* 8va indica la octava superior.
  8vb indica la octava inferior.

Cuando se desea cerrar el sonido, determinar exactamente éste.

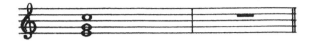

Este final resultará impreciso con relación a:

ó a

según se desee terminar en la caída del compás o en el cuarto tiempo.

# VIII. TECNICAS GENERALES DE ESCRITURA

8.1 DENSIDAD, PESO Y AMPLITUD

Cuando varios instrumentos de la orquesta se combinan entre sí, dejando al margen a la sección de ritmo, tres elementos básicos quedan definidos.

"La densidad" que se refiere a la cantidad de voces que suenan simultáneamente, no alterando la densidad el hecho de que varios instrumentos doblen la misma nota. En general, la densidad oscilará entre 1 y 8.

El efecto producido por los doblajes de varios instrumentos estará definido por "el peso".

Y, finalmente, la "amplitud" que define la distancia entre la nota más aguda y la más grave, que suenan simultáneamente.

8.2 SOLI, CONCERTADO, TUTTI Y UNISONO U OCTAVAS

Cuatro aspectos importantes en la orquestación y que se definen por el movimiento melódico de los distintos instrumentos son:

- Soli: que se aplica a un grupo de instrumentos, de viento en general, en el que todos tocan la misma figuración, con densidad dos o superior.
- Concertado: se entiende cuando todos los instrumentos de viento de la orquesta están tocando soli.
- Tutti: se produce cuando toda la orquesta está tocando la misma figuración.[1]
- Unísono u octavas: se produce cuando dos o más instrumentos tocan la misma frase melódica, siendo unísono cuando lo hacen exactamente a la misma altura.

---

[1] Tutti de vientos, se considera así cuando una sección (el metal preferentemente) toca al unísono una determinada frase melódica y las otras secciones (saxos preferentemente) apoyan sólo los puntos más importantes de la melodía y en general con una armonización tipo Spread (ver capítulo XI).

## 8.3 EJEMPLO

Este ejemplo está escrito para cinco instrumentos de viento y un cuarteto de ritmo y su finalidad es mostrar las diversas técnicas citadas.

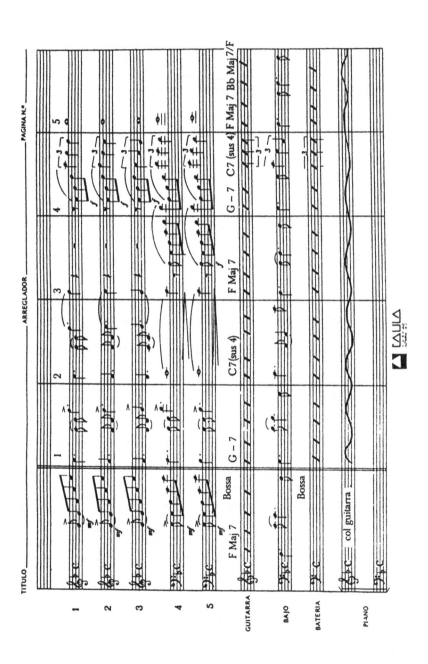

En el compás de anacrusa del ejemplo se puede observar que todos los vientos (1 a 5) tocan al unísono (1 a 3) u octavas (4-5). En el primer compás todos los vientos tocan soli con densidad 4, ya que el viento número 4 está tocando en octavas con el 1. Además todos los vientos tocan la misma figuración, por lo que es "concertado". En el siguiente compás (3) sólo los vientos (1-3) hacen soli (densidad 3), los dos restantes (4-5) mantienen una nota al unísono.

En el compás número 4 toda la orquesta toca la misma figuración (tutti de orquesta).

Se puede observar también que la amplitud en el primer compás es superior a una octava entre la primera y la última voz. En el segundo compás, en cambio, la amplitud no supera la octava, ya que los vientos 3 y 4 tocan distinta figuración y por tanto no influyen en la amplitud del soli.

En la segunda mitad del compás 4 toda la orquesta toca tutti, la amplitud aquí supera las dos octavas ya que se tiene en cuenta el bajo como nota inferior.

## 8.4     DENSIDAD 1, ESCRITURA PARA UNA VOZ

Cabe diferenciar en esta situación la creada por la ausencia de otros instrumentos, en una orquesta con sección de ritmo y un viento, de la creada como efecto en una orquesta mayor.

En el primer caso, el único instrumento de viento deberá estar muy apoyado por la sección de ritmo y su fraseo deberá ser muy variado a fin de no dar monotonía, ya que no será posible aumentar la densidad, ni el peso de la orquestación ni cambiar el timbre. En este caso, la sección de ritmo acostumbra a tomar un papel mucho más importante y es frecuente que tanto la guitarra como el piano e incluso el bajo tomen en algún momento la melodía o alguna contramelodía, usándolos en su función melódica además de la rítmico-armónica usual en ellos.

En el segundo caso, la densidad 1 puede usarse como relajamiento después de un pasaje de máxima densidad o como preparación del mismo, o para solucionar situaciones que no puedan ser efectivamente armonizadas, para un back melódico contra una sección de mayor densidad o para una frase muy rítmica a la que una mayor densidad o peso le restarían dirección.

En todas estas situaciones lo usual es mantener al instrumento en su tesitura más natural, ya que obviamente al estar sólo tocando una determinada frase, los registros menos agradecidos del mismo quedarían mucho más al descubierto que cuando los usa acoplado junto con otros instrumentos.

# IX. ESCRITURA A DOS VOCES

Esta técnica se puede usar en dos situaciones:

    a. Cuando sólo se dispone de dos instrumentos melódicos.

    b. Cuando se desea un efecto de menor densidad en una orquesta mayor.

## 9.1 TIPOS DE TECNICAS

Las técnicas para dos voces se dividen en dos grupos principales:

    a. Soli: cuando las dos voces tocan la misma figuración con distintas notas.

    b. Melodía y contramelodía: cuando la figuración de las dos voces no es igual.

Cuando las dos voces tocan lo mismo (unísono u octavas) no se consideran dos voces sino una voz doblada (densidad uno).

## 9.2 CLASES DE MOVIMIENTOS

Las clases de movimiento que se pueden producir entre dos voces son tres:

    a. Paralelo

    b. Contrario

    c. Oblicuo

### 9.2.1 Paralelo

Cuando las dos voces se mueven en una misma dirección.

### 9.2.2 Contrario

Cuando las dos voces se mueven en dirección contraria.

A – 7

### 9.2.3 **Oblicuo**

Cuando una de las dos voces se mantiene o repite la misma nota, siguiendo la otra voz su movimiento.

A – 7                    D 7 (sus 4)

### 9.3 SOLI A DOS VOCES (dueto)

En el soli a dos voces (densidad 2) el aspecto fundamental a tener en cuenta es el intervalo que se crea entre ambas voces.

Los intervalos que se usan más frecuentemente son las terceras y las sextas diatónicas. Estas dan a la melodía cierta densidad; armonía, sin restarle dirección; ritmo.

En general la voz más aguda será la melodía y la segunda voz estará una tercera o sexta debajo de ésta.

F Maj 7          G – 7          C7 sus 4          F Maj 7

Con voces humanas es frecuente oír la segunda voz una tercera o sexta encima de la melodía, esto es poco frecuente en orquesta con instrumentos de viento. La razón está en que en las voces humanas el timbre del cantante es fácilmente separable del resto de voces, sobre todo cuando el cantante ha interpretado el verso y el dueto se produce en el estribillo. En este caso el oído sigue entendiendo como melodía lo que canta el cantante principal, aun oyendo otra melodía con la misma figuración por encima de ella. Además en este caso se ayudará con los dinámicos, de forma que la segunda voz tendrá al menos un dinámico menos que la melodía.

Otros intervalos son posibles entre las dos voces, además de los de tercera y sexta, aunque es poco frecuente usarlos sucesivamente. Donde mejor se pueden emplear los de cuarta o quinta es en situaciones acentuadas o en notas largas.

En situaciones de notas cortas, estos intervalos se pueden producir ayudados del movimiento contrario de las voces,

o bien en cambios de disposición de un acorde.

El unísono y octavas sucesivas no son densidad dos, por lo que se entra en otra consideración. Aunque en algunos casos el unísono y(o) las octavas pueden usarse sin perder el sentido de dueto. Por ejemplo:

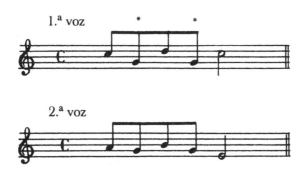

O en situaciones de movimiento contrario.

Los intervalos de segunda o séptima casi nunca se usan sucesivamente y sólo en situaciones de movimiento contrario de las voces o en algún punto de predominio vertical se deben utilizar.

Como excepción se pueden encontrar fragmentos armonizados en cuartas justas; esta posibilidad deberá usarse sólo en un contexto adecuado teniendo presente lo característico de esta sonoridad y si es adecuada a la obra.

Intervalos mayores de una octava no son frecuentes en el tratamiento de dos voces y sólo las décimas diatónicas pueden resultar efectivas cuando las tesituras de los instrumentos no sean adecuadas para un intervalo menor entre ellos.

NORMAS DE ARMONIZACION EN SOLI

Además del intervalo que crea la segunda voz (voz armónica) con la primera voz (voz melódica), se debe tener en cuenta la relación melodía-armonía de cada una de ellas. Así el análisis melódico de la primera voz nos dará las posibilidades reales de la segunda voz.

1. La 1.ª voz es nota del acorde o tensión: la 2.ª voz podrá ser otra nota del acorde o una tensión.
2. La 1.ª voz es nota de aproximación: la 2.ª voz deberá ser una nota de aproximación.

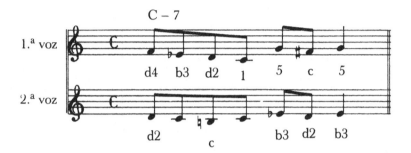

Así pues, además de valorar el intervalo entre ellas se deberá tener en cuenta la función melódica de las voces, teniendo presente que al apartarnos de usar terceras y sextas la melodía perderá sentido horizontal (melódico) en beneficio del vertical (armónico) y en este último caso habrá que valorar si la voz armónica añade riqueza (tensión) o definición (guías*).

En el ejemplo anterior la nota "fa", de claro predominio vertical, puede ser armonizada con cualquiera de las notas indicadas, valorando que:

– El "Mi b" es una nota guía, por lo tanto ayuda a definir el acorde, aunque el intervalo que crea es de segunda mayor y éste ensombrece la melodía.

*Se consideran notas guías a la 3.ª y la 7.ª en los acordes de séptima, la 3.ª y la 6.ª en los acordes de sexta y la 4.ª y 7.ª en los acordes V7sus4.

- El "Re" es la tensión "13", su intervalo de tercera es uno de los mejores a dos voces, crea riqueza pero no ayuda a definir la armonía.
- La nota "Do" es la 5.ª del acorde, no ayuda a definirlo, no crea riqueza y el intervalo es de cuarta justa, por lo que dará un resultado pobre.
- La nota "Si b" no indicada en el ejemplo no puede usarse, pues es la nota a evitar en la escala que corresponde a dicho acorde.
- La nota "La" es la 3.ª (nota guía), con lo que ayuda a definir la armonía, el intervalo de sexta es, además, adecuado.
- La nota "Sol" es una tensión "9", el intervalo de séptima que crea no es muy adecuado, así que creará riqueza pero una sonoridad no muy aconsejable.
- Finalmente el Fa es el doblaje, una octava debajo de la melodía, con lo que pasaría a densidad 1.

En este ejemplo la mejor armonización vendría dada por las notas "Re" y "La".

En el siguiente ejemplo las notas más adecuadas se indican entre paréntesis.

Cabe señalar que en estos ejemplos se pretende indicar la valoración de la 2.ª voz en un punto de la melodía que tiene un claro predominio vertical, donde esto no sucede, las terceras y las sextas diatónicas serán, sin duda, la mejor elección, si no se quiere restar dirección a la melodía.

Por otra parte se deberá tener en cuenta que no es muy conveniente que la segunda voz efectúe saltos melódicos mayores que los que efectúa la primera voz y que la línea melódica de la segunda voz, aun cuando su función está supeditada a acompañar a la melodía, debe tener algún sentido melódico de por sí.

9.5    EL BACKGROUND (el acompañamiento)

La escritura de un background no es simplemente el uso de una o varias voces como acompañamiento de una melodía, sino que el adecuado uso del background es una técnica esencial en un arreglo.

Básicamente distinguiremos tres tipos de background:

        a.  Rítmico-armónico
        b.  Soporte armónico
        c.  Melodía y contramelodía

En muchas ocasiones la melodía llevada por el cantante o cualquier instrumentista solista tiene como background solamente a la sección de ritmo.

Así pues el background puede carecer totalmente de melodía y ser puramente rítmico armónico.

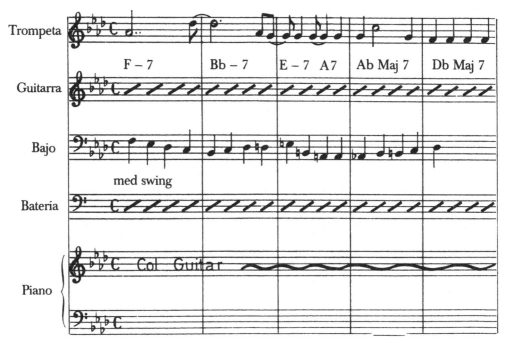

En estas situaciones donde el background está llevado solamente por la sección de ritmo, los instrumentos de esta sección, sobre todo el piano y la guitarra, acostumbran a rellenar los huecos melódicos que el solista deja.

El uso del background rítmico-armónico, es además, un recurso en una orquesta mayor cuando se desea menor densidad y una mayor intimidad melódica.

### 9.5.1 El soporte armónico

Cuando el background es llevado por una voz melódica pasiva, cuya finalidad es ayudar a definir la armonía, se considera un soporte armónico.

#### 9.5.1.1 Características del soporte armónico

    a. notas largas
    b. notas guías
    c. nota común o movimiento por grado conjunto

El soporte armónico acostumbra a mantener un sonido mientras lo permite la armonía. Ya que su principal finalidad es definir la armonía, la mejor elección para él serán las notas guías. Su función está totalmente al servicio de la melodía, por tanto será mejor cuanto menor movimiento tenga y menos importante sea. Así pues, grado conjunto será el preferido.

Cuando la melodía anticipa, el background generalmente también lo hará o, al menos, evitará atacar en el tiempo anticipado de la melodía, ya que esto produce un mal efecto al romper la anticipación.

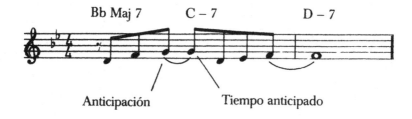

### 9.5.2 El background melódico (contramelodía)

El uso del background melódico se produce, en general, en situaciones donde la melodía es poco activa o calla. En este caso se pueden hacer ocho consideraciones principales sobre la melodía del background (contramelodía).

a. La relación melodía-armonía (referida a la contramelodía).

b. Que tenga un sentido melódico como línea independiente.

c. Que mantenga una relación con la melodía principal.

d. Melodía y contramelodía pueden atacar simultáneamente, aunque más de dos ataques simultáneos y consecutivos darán carácter de soli al tratamiento.

e. La contramelodía puede estar encima o debajo de la melodía, esto estará lógicamente relacionado con la tesitura de la melodía principal, si ésta está llevada por un instrumento agudo o voz femenina, la contramelodía estará por lo general debajo, y por el contrario, si la voz es masculina o el instrumento que lleva la melodía principal es un tenor o similar, la contramelodía podrá estar por encima de éste.

f. Melodía y contramelodía pueden cruzarse libremente si no atacan simultáneamente, siempre que la lógica melódica de la contramelodía lo requiera.

   El evitar el cruce melódico en ataque simultáneo es importante cuando el timbre de ambos instrumentos es similar.

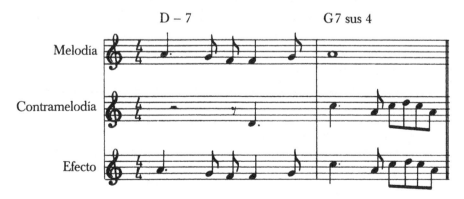

El efecto que produce el cruce con ataque simultáneo de dos instrumentos de timbre similar es que el oído puede fácilmente mezclar las notas de uno y otro, perdiendo claridad la idea melódica, ya que tiende a oír la más aguda como la melodía. Por otro lado evitando el ataque simultáneo, la idea melódica de cada voz quedará mucho más clara.

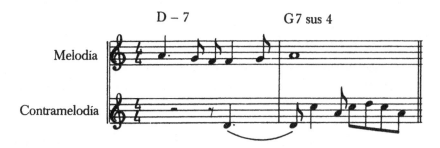

g. Evitar que la contramelodía ataque en un tiempo anticipado de la melodía, esto produce el efecto de romper la anticipación rítmica de la melodía, haciéndole perder a ésta su auténtico sentido.

h. Mantener la tesitura de la contramelodía no excesivamente alejada de la melodía principal. En casos de ataque simultáneo la distancia de octava será mejor no superarla.

### 9.5.3  Actividad melódica

Como regla general, cuando la melodía es activa el background es pasivo y viceversa.

Evitar, pues, que en caso de una melodía con densa figuración, la contramelodía sea también activa; esto puede dar lugar al ensombrecimiento principalmente de la melodía y dará un sentido barroco al resultado general.

Combinar la contramelodía con el soporte armónico, según la actividad de la melodía. No olvidarse de que un recurso del background es callarse, cuando la melodía y armonía son muy activos o en situaciones en donde se desea mayor intimidad melódica.

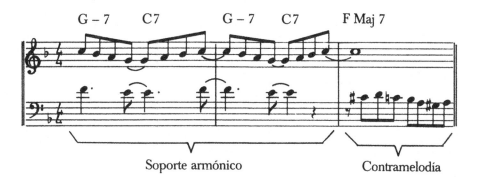

### 9.5.4 **Sobreposición** (melodía-back)

La sobreposición se produce al comenzar la línea melódica del background, cuando todavía está sonando la melodía principal o cuando ésta reemprende su movimiento y el background todavía no ha terminado su frase.

El mejor efecto se consigue comenzando la frase encima de una nota larga de la otra línea melódica.

Esta técnica es una manera muy efectiva de mover la melodía y la contra-melodía.

En cualquier caso será mejor no abusar de ninguna técnica y buscar el equilibrio entre todas ellas. Ello será lo que hará funcionar el arrego globalmente. No debe olvidarse que los vientos deben respirar y descansar después de un largo fragmento y que la melodía la puede llevar cualquiera de los dos instrumentos de viento, no continuamente el mismo.

Cuando se usa la posibilidad de repartir una melodía entre varios instrumentos de viento, lo mejor es no partir los motivos de que se compone la frase y dar un motivo o contramotivo completo a cada instrumento.

Además cada instrumento tocará su parte en la tesitura más adecuada para él.

# X. ESCRITURA A TRES VOCES

Con la escritura a tres voces en densidad 3, se entra en el contexto de armonía vertical, ya que con tres voces se pueden implicar acordes de tres o cuatro notas. Al contrario de lo que sucede en densidad 2, donde lo fundamental es el intervalo entre las voces y la mayor o menor definición de la voz armónica era sólo un factor a tener en cuenta, en densidad 3 la definición armónica será una necesidad y el sentido melódico de las voces armónicas tendrá mucha menor importancia que en densidad 2.

## 10.1    SOLI A TRES VOCES CON ACORDES TRIADAS

Con tres voces en soli se pueden usar dos técnicas principales:
a)  Soli cerrado
b)  Soli abierto

### 10.1.1  **Soli cerrado**

Esta técnica puede usarse preferentemente en situaciones en que la "voz lead" esté comprendida en la tesitura.

La realización del soli consiste en rellenar debajo de la melodía con dos notas del acorde inmediatas inferiores a ésta. Deben distinguirse dos casos principales: cuando la melodía es nota del acorde y cuando no lo es.

### 10.1.1.1  Notas del acorde

Cuando la melodía es una nota del acorde se colocan las dos notas restantes del acorde inmediatamente debajo de ésta.

123

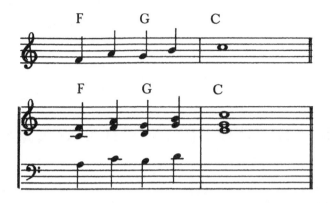

Cada una de las voces tocaría una melodía distinta, cuyo conjunto sería el soli.

10.1.1.2 Notas no del acorde

Cuando la melodía no es una nota del acorde, se entiende que ésta está omitiendo a la inmediata inferior del acorde y se rellena con las dos notas del acorde inmediatamente debajo de la nota omitida.

En el ejemplo la nota "Sol" omite a la inmediata inferior del acorde "Fa" y se rellena como si la nota melódica fuera un "Fa".

La tercera negra es un "Fa" que omite a la inmediata inferior del acorde "Re". Igual le sucede a la cuarta negra "Mi" que omite también al "Re". Finalmente el "Re" del acorde de "C" omite a la fundamental "Do".

124

## 10.1.2 **Soli abierto**

Esta técnica puede emplearse cuando la melodía está comprendida en la tesitura:

La técnica consiste en rellenar debajo de la melodía igual que en "cerrado", pero dejando espacio entre las notas del acorde, o sea saltándose una nota del acorde antes de situar cada voz.

Cabe distinguir también si la melodía es una nota del acorde o si no lo es.

### 10.1.2.1 Notas del acorde

Cuando la melodía es una nota del acorde se escriben las dos voces restantes debajo de ésta, de forma que quede espacio para otra nota del acorde entre ellas.

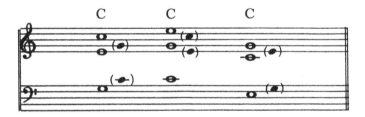

### 10.1.2.2 Notas no del acorde

El procedimiento, cuando la melodía no es nota del acorde, es el mismo que en soli cerrado, se tiene en cuenta la nota del acorde inmediata inferior a la melodía y se completa, dejando también espacio para una nota del acorde entre voces adyacentes.

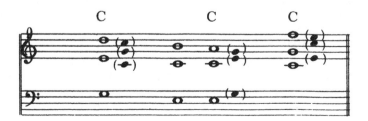

En sí el soli abierto es como si escribiéramos soli cerrado y luego bajáramos la segunda voz una octava.

En la tesitura de la melodía comprendida entre:

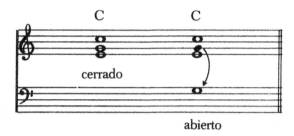

puede usarse indistintamente soli abierto o cerrado.

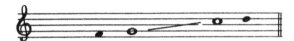

### 10.1.3  Uso del soli abierto o cerrado

Para usar una u otra técnica se deberá tener en cuenta los siguientes aspectos:

    a.  Tesitura de la melodía.
    b.  Tesitura de los instrumentos.
    c.  Evitar en lo posible que una voz interior salte más de una segunda más que la melodía.
    d.  Evitar que una voz interior en su movimiento sobrepase la tesitura que tenía una voz adyacente.

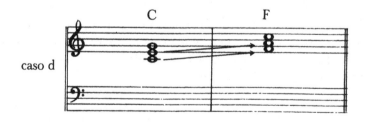

En el ejemplo la segunda voz "Mi" se mueve a la nota "La" superando la tesitura de la voz adyacente, en este caso la melodía "Sol" del acorde anterior igual que le sucede a la tercera voz que en el primer acorde era un "Do", su voz adyacente un "Mi" y en su movimiento hacia "Fa" supera la tesitura de ésta.

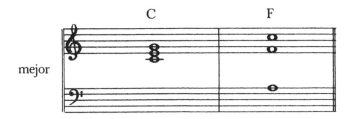

mejor

Al usar soli abierto en el segundo acorde, los problemas de superar la tesitura de la voz adyacente quedan solucionados.

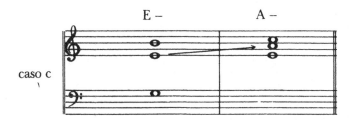

caso c

En este caso la segunda voz del primer acorde "Mi" se mueve una cuarta ascendente al "La", en cambio la melodía se mueve sólo una segunda (Si-Do); con ello esta segunda voz se mueve más de una segunda más que la melodía (exactamente se mueve una tercera más), esto se puede evitar con:

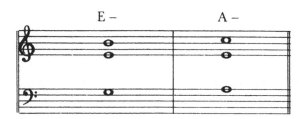

Los aspectos *c* y *d* son a tener en cuenta en situaciones de notas largas y cuando se desea un enlace suave y en ningún caso representa una obligación el evitarlos.

En cambio los aspectos *a* y *b* son de suma importancia. Es evidente que la tesitura para los instrumentos debe ser adecuada manteniéndolos en su tesitura cómoda en todo momento.

En cuanto a la tesitura de la melodía, será inadecuado generalmente usar soli abierto más abajo de la tesitura indicada anteriormente y sólo posible en determinadas situaciones, siempre que la nota más grave resultante del soli sea la fundamental o la quinta justa del acorde.

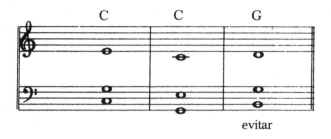

evitar

En cuanto a la tesitura superior, el uso de cerrado en ésta, dará como resultado un soli débil y sin consistencia en la sonoridad, debiendo emplearse sólo cuando no hay otra posibilidad (?).

10.1.4 **Tres voces en dueto**

Este es un efecto usado con frecuencia, en realidad es un dueto (densidad 2) con la melodía doblada en octavas. La segunda voz estará normalmente a tercera o sexta de la melodía y entre las dos voces que tocan en octavas la melodía.

Esta es una técnica usada frecuentemente en piano y muy típica del ragtime.

10.1.5 **Notas de aproximación**

Cuando en la melodía se producen notas de aproximación como bordaduras, notas de paso o no preparadas, éstas pueden tratarse de dos maneras.

     a. no armonizarlas
     b. armonizarlas con un nuevo acorde.

### 10.1.5.1 Notas de aproximación no armonizadas

Consiste en mantener las voces interiores debajo de las notas de aproximación.

En el ejemplo la nota "Re" es una nota de paso del "Do" al "Mi", las voces interiores mantienen la sonoridad debajo del "Re". La nota "Re" del cuarto tiempo es demasiado larga para considerarla de aproximación, por lo que es armonizada omitiendo la inmediata inferior del acorde "Si" en soli cerrado. En el siguiente compás la nota "Si" es una bordadura de la nota "Do" y las voces interiores mantienen la sonoridad. Finalmente el "Mi" blanca no es nota del acorde y no es de aproximación, se armoniza en soli abierto omitiendo el "Re".

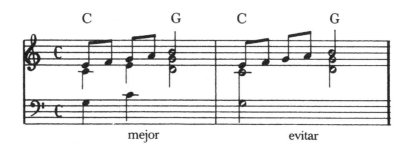

mejor            evitar

En el ejemplo anterior la nota "Fa" es de paso entre el "Mi" y el "Sol", ambos del mismo acorde; en este caso las voces interiores deben volver a atacar debajo del "Sol" y no mantenerse. El evitar mantenerlas no es más que para continuar con la sonoridad del soli, ya que en caso contrario, el efecto conseguido es de melodía más dos voces en Background armónico, esto no es en ningún caso "malo", simplemente no es soli.

En el caso de las notas de aproximación no preparadas que resuelven a su inmediata inferior,

es de buen efecto tratarlas como notas "no del acorde", o sea armonizarlas como si fueran su inmediata inferior del acorde y mantener la sonoridad de las voces interiores, hasta la resolución de la "no preparada".

En el caso de "no preparadas ascendentes", éstas pueden armonizarse como si omitieran a su inmediata superior del acorde (su objetivo), siempre que no se cree semitono entre las dos voces superiores y mantener esta sonoridad hasta su resolución.

En el ejemplo anterior se produce semitono entre el "Mi" y el "Fa". Esto deberá evitarse.

    a. armonizando dicha nota como si omitiera la inmediata inferior del acorde, lo que implicará un nuevo ataque en la resolución de la no preparada.

    b. rearmonizando la nota de aproximación.

130

10.1.5.2  Rearmonización de las notas de aproximación

La forma más simple y la más usual también en el contexto de tríadas, es la de armonizar la nota de aproximación con los mismos intervalos diatónicos que lo está su nota objetivo.

En el ejemplo la nota de aproximación "La" está armonizada en los dos casos, con los mismos intervalos que su nota objetivo "Si" en el primer caso y "Sol" en el segundo.

Esta técnica funciona por un igual en soli "abierto" o "cerrado".

10.1.6  **Dueto rellenado**

Esta técnica no difiere en mucho de las explicadas hasta aquí. Consiste en escribir un dueto con la melodía utilizando sextas diatónicas y colocando la voz restante del acorde en el interior de dicha sexta.

Esta es una técnica predominantemente horizontal y sólo con melodía activa puede usarse con eficacia. En un punto de predominio vertical o nota larga, la consideración armónica de las tres voces será la principal.

posible

evitar
suena a (A−)

10.2    EL BACKGROUND MELODICO (Ver también 9.5.2)

Hay dos tipos de background melódico, el activo y el pasivo.

10.2.1  **El background activo** (también llamado contramelodía)

El background activo es una idea melódica que puede ser totalmente original o basada en alguno de los motivos del tema, su función, básicamente, está en rellenar los espacios que deja la melodía entre frases. Como regla general se dice que el background es pasivo cuando la melodía es activa y activo cuando la melodía es pasiva.

131

Como idea original, este tipo de background activo, no tiene más reglas ni técnicas distintas de las de creación de una melodía y en algunos casos éste llega a ser casi tan importante como la melodía y aun en distintas versiones de un mismo tema hechos por distintos arreglistas se utilizan estas líneas como algo ya inherentes al tema. En cambio el background pasivo tiene como finalidad la de definir al máximo la armonía moviéndose el mínimo, de forma que sea adecuado utilizarlo cuando la línea melódica principal es activa. A este tipo de background se le denomina "soporte armónico".

### 10.2.2  El background pasivo o línea de soporte armónico

Como su función es definir al máximo la armonía, éste se moverá sólo de nota guía a nota guía y por grado conjunto preferentemente. Su figuración será además lo más pasiva posible, es decir, sólo atacará una nueva nota cuando esto sea imprescindible.

Para mover esta línea de soporte armónico entre notas guías de sucesivos acordes, el movimiento entre fundamentales de los acordes de la progresión, nos indicará el enlace adecuado entre las notas guías.

Cuando el movimiento entre fundamentales sea de cuarta o quinta la 3.ª del primer acorde irá a la 7.ª del segundo y (o) la 7.ª del primero a la 3.ª del segundo.

Si el movimiento entre fundamentales es de segunda, la 3.ª del primero irá a la 3.ª del segundo y la 7.ª a la 7.ª.

Finalmente, cuando el movimiento entre fundamentales es de tercera o sexta, la 3.ª o 7.ª del primer acorde irán indistintamente a la 3.ª o 7.ª del segundo acorde.

| intervalo | movimiento |
|---|---|
| Cuarta o quinta | la 3.ª → 7.ª<br>la 7.ª → 3.ª |
| Segunda o séptima | la 3.ª → 3.ª<br>la 7.ª → 7.ª |
| Tercera o sexta | la 3.ª ⤴ 7.ª ⤵ 3.ª<br>la 7.ª ⤴ 3.ª ⤵ 7.ª |

La 6.ª de los acordes de sexta equivale a la 7.ª, la 4.ª de los acordes V7 (sus 4) equivale a la tercera.

En casos de movimientos de fundamentales de tercera o sexta las dos posibilidades son buenas, aunque el grado conjunto es preferible, si es posible; si no será preferido el salto menor.

### 10.2.2.1 Resoluciones alternativas

Las resoluciones alternativas son los casos en donde una nota guía no tiene necesariamente que resolver hacia otra nota guía:

    a. Resolución cromática.
    b. Resolución de la tercera de dominante.
    c. Evitar nota repetida (II-V).
    d. Después de una cadencia conclusiva (I).
    e. Al final de frase.
    f. Después de un silencio.

10.2.2.1.1 *Resolución cromática*

Una nota guía puede resolver cromáticamente sobre una nota no guía del siguiente acorde (fundamental o quinta). En este caso, y una vez resuelta, esta nota deberá moverse hacia la nota guía más próxima del mismo acorde.

En este caso la duración de ambas notas (la resolución y la nota guía) será la misma.

10.2.2.1.2 *Resolución de la tercera dominante*

La tercera de los acordes V7/I, V7/II y V7/V.

Cuando el V7/I resuelve al I6 conducir la tercera del V7 a la fundamental del I6.

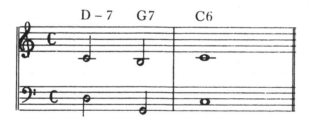

No utilizar este recurso si el I es IMaj7.

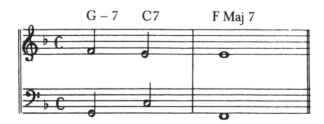

135

Mover la tercera del V7/II o V7/V a la fundamental del II o el V respectivamente y conducir ésta a la séptima del acorde respectivo. En ambos casos la duración de la fundamental y la séptima será la misma.

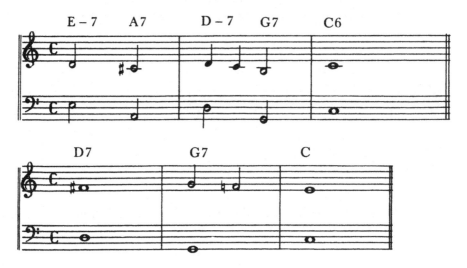

### 10.2.2.1.3 *Evitar nota repetida en un II-V*

Para evitar mantener o repetir la tercera de un II-7, en una situación (II-V), cuando se usa ésta en un soporte armónico, se puede mover la tercera del II-7 a la fundamental del V7 y volver inmediatamente a la séptima del V7. La duración de la fundamental y la séptima será normalmente la misma.

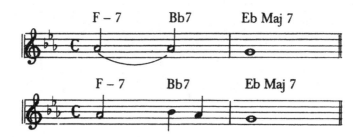

### 10.2.2.1.4 *Después de una cadencia conclusiva (I)*

Después del I, cuando una progresión armónica llega a este acorde se produce normalmente una cadencia conclusiva, en este caso la línea de soporte armónico puede romperse libremente.

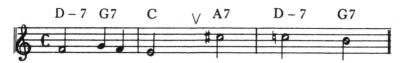

### 10.2.2.1.5 *Al final de una frase*

Este caso está ligado al anterior, aunque puede producirse un final de frase no necesariamente sobre el I. En esta situación también puede romperse libremente la línea de soporte armónico. (Ejemplo de semicadencia).

### 10.2.2.1.6 *Después de un silencio de un compás o más*

En realidad la duración del silencio está directamente relacionado con el *tiempo,* como más rápido sea éste mayor deberá ser la duración del silencio a fin de que el oído no relacione la última nota antes del silencio con la primera después de éste.

El propósito fundamental de la línea de soporte armónico ha de ser la de definir al máximo la armonía moviéndose un mínimo. Ello se logrará moviendo nota guía a nota guía, o utilizando una de las resoluciones alternativas citadas.

A menudo se puede ornamentar una línea de soporte armónico utilizando notas de aproximación. La mejor solución para esto es realizar primero la línea de soporte armónico y añadir luego las notas de ornamentación, teniendo presente en todo caso la actividad de la melodía y que una utilización excesiva de las notas de ornamentación, dará como resultado un background activo.

## 10.3 SOLI A TRES VOCES CON ACORDES CUATRIADAS

En esta técnica de tres voces en acordes cuatríadas, la clave está en la nota del acorde que debe omitirse. Teniendo en cuenta que las notas que definen un acorde son las guías (3,7) (4,7) o (3,6), éstas deberían estar siempre presentes, así la nota que se omite en general es la fundamental o la quinta, excepto en los acordes menores con quinta disminuida, en los que ésta tiene calidad de nota guía.

### 10.3.1 Soli abierto y cerrado

En realidad en esta situación no se considera soli abierto o cerrado ya que, como se omite una nota del acorde, puede aparentemente considerarse abierto, aun cuando en general las tres voces estarán en el ámbito de una octava, lo que sería cerrado.

#### 10.3.1.1 Notas del acorde

Cuando la melodía es una nota del acorde:

a) Se coloca debajo de ésta otra nota del acorde, preferentemente guía, a una distancia de sexta o séptima.

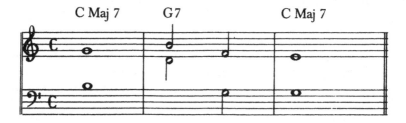

b) Se rellena el espacio entre las dos notas con una nota guía o nota del acorde en su defecto.

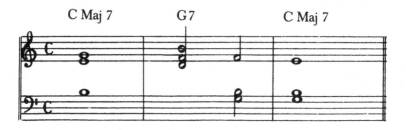

c) Evitar semitono con la melodía.

138

En el último compás al rellenar el espacio entre el "Do" de la melodía y el "Mi", se debería colocar en preferencia una nota guía, pero en este caso ésta crea semitono con la melodía. Esto debe evitarse rellenando con otra nota del acorde.

d) Evitar tono con la melodía en situaciones de predominio horizontal (melódicos).

### 10.3.1.2 Notas no del acorde

En este caso los puntos anteriores *a*, *b*, *c* son iguales que para las notas no del acorde.

Además (caso d) se deberá evitar en cualquier caso el tono con la melodía.

### 10.3.1.3 Tesitura para la voz lead (melodía)

Esta técnica es adecuada cuando la melodía se encuentra comprendida entre la tesitura:

### 10.3.1.4 Posición abierta

Como se ha mencionado antes no se utiliza una posición abierta en esta técnica aunque en casos excepcionales puede usarse una forma de posición abierta, simplemente bajando la segunda voz una octava. Esto, en cualquier caso, sólo se podrá utilizar en tesituras agudas extremas de la melodía.

### 10.3.1.5 La melodía en la tesitura más grave

Cuando la melodía o parte de ésta, está en la tesitura:

Podrá usarse para las notas comprendidas en esta tesitura la técnica de:

a) Colocar una nota del acorde, preferentemente guía, debajo de la melodía a una distancia de cuarta o quinta.

b, c y d) igual que en los casos anteriores.

140

Este recurso será adecuado usarlo, cuando la voz más grave del soli (si bajáramos una sexta o séptima) fuese una nota guía por debajo del "Fa".

### 10.3.2 Soli a tres voces (otra técnica)

El resultado de esta otra técnica no difiere en general del usual explicado anteriormente.

a) Las tres voces estarán en el ámbito de una octava.
b) Cualquier acorde debe incluir la tercera.
c) Los acordes de dominante deben incluir la séptima.
d) Los acordes alterados incluirán las notas alteradas.

Si se tiene en cuenta el evitar semitono con la melodía, tono, en situaciones melódicamente activas, y que en un acorde alterado la nota alterada tiene calidad de guía, el resultado será casi siempre el mismo.

### 10.3.3 Notas de aproximación

Cuando en la melodía se encuentra una nota de aproximación se puede armonizar en soli, básicamente con el mismo procedimiento que el usado en tres voces con acordes triadas, de forma que se armoniza la nota de aproximación con los mismos intervalos diatónicos con que se armoniza su nota objetivo.

En el caso de que la nota de aproximación no es diatónica sino cromática, la mejor armonización de esta nota cromática será con los mismos intervalos que su objetivo, esto dará una estructura igual a la de su nota objetivo, a semitono de ésta.

141

G Maj 7

Aunque en muchas situaciones será mejor no rearmonizar las notas de aproximación usando las pautas descritas en tres voces en tríadas (ver 10.1.5.1).

Ab Maj 7    C–7      F–7        Eb7        Ab Maj 7

C Maj 7     G7           C Maj 7

### 10.3.4    Casos especiales de tres voces en soli

La melodía como voz interior es una posibilidad teórica, aunque de poco uso. Esta técnica es usada en dixieland, donde la trompeta lleva la melodía, teniendo el clarinete encima y el trombón debajo.

También en voces humanas es una posibilidad teórica y aquí son aplicables todos los comentarios hechos en "soli a dos voces", respecto a la situación en que la melodía estaba en la voz más grave (timbre del solista, menor presencia de las otras voces, etc.).

Por lo demás, en general, la melodía será la voz más aguda del soli a tres voces.

142

## 10.4 COMBINACIONES USADAS CON TRES VOCES

Además de soli, otras posibilidades se utilizan con tres voces:

a) unísono y (u) octavas:

Esta es una técnica muy usual y de gran fuerza. El uso de unísono u octavas vendrá determinado por la tesitura de la melodía y la de los instrumentos.

b) Melodía en unísono u octavas y soporte armónico o background activo donde la melodía sea pasiva.

c) Melodía y línea de soporte armonizada.

En este caso, en primer lugar se crea la línea de soporte armónico, y a continuación se añade debajo de ésta la otra nota guía.

d) Dos voces soli y background activo o pasivo.

## 10.5 EL INTERVALO "b9"

En cualquier situación en que se produce un ataque simultáneo de dos o más voces, evitar el intervalo "b9", entre cualesquiera de ellas. Este intervalo es de un especial mal efecto sonoro. La única excepción está entre la "b9" y la fundamental de un acorde de dominante y en este caso siempre que entre estas dos voces esté la tercera o la séptima (o ambas) del acorde.

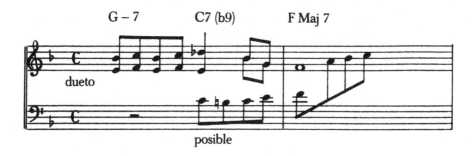

Cuando el ataque de las dos voces que producen "b9" no es simultáneo, esta sonoridad queda menos evidente con lo que puede usarse si es tratada adecuadamente.

## 10.6 FORMACIONES USUALES CON TRES INSTRUMENTOS DE VIENTO

Es frecuente encontrar grupos que incluyen, además de la sección de ritmo, tres instrumentos de viento. Estos pueden incluir cualquier combinación, aunque las más frecuentes son las que incluyen dos altos y un tenor o dos trompetas y un trombón.

144

En cualquier caso será muy adecuado, al escribir un arreglo, tener en cuenta la posibilidad de que la primera y la segunda voz estén en una tesitura adecuada para alto y trompeta y la tercera voz lo esté para tenor y trombón, de esta manera el arreglo será viable (con el transporte adecuado) para cualquiera de las dos formaciones usuales antes indicadas o para cualquiera de las combinaciones frecuentes entre ellos (trompeta, alto, tenor) (trompeta, alto, trombón).

145

# XI. ESCRITURA A CUATRO VOCES

## 11.1    SOLI CON ACORDES TRIADAS

El procedimiento es el mismo que en soli a tres voces y duplicando con la cuarta voz la melodia al unisono o en octava.

Puede usarse una duplicación de la melodía una octava alta en el caso de disponer de un instrumento adecuado, flauta, por ejemplo.

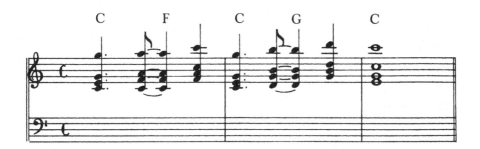

Puede usarse indistintamente en soli abierto o cerrado, teniendo presente que la voz que duplica la melodía será siempre la misma, con lo que se producirán probablemente, cruces entre las otras voces al combinar soli abierto y cerrado.

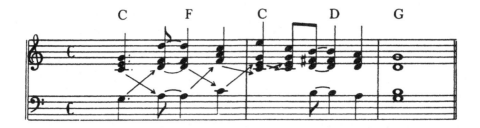

## 11.2   SOLI CON ACORDES CUATRIADAS

Para la realización de este tipo de soli se usan principalmente cinco técnicas:

a. Cerrado
b. Segunda voz bajada ( ↓ 2)
c. Tercera voz bajada ( ↓ 3)
d. Segunda y cuarta voz bajadas ( ↓ 2 + 4)
e. Spread

### 11.2.1   **Cerrada**

Como toda disposición cerrada, tendrá las cuatro voces en el ámbito de una octava.

#### 11.2.1.1 Notas del acorde

La realización se consigue al rellenar debajo de la melodía con las restantes notas del acorde inmediatamente debajo de ella.

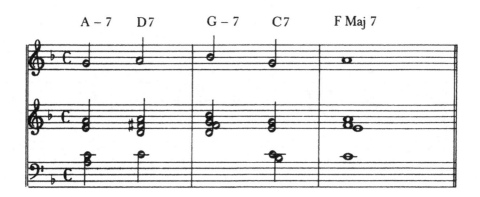

#### 11.2.1.2 Notas no del acorde (Tensiones)

La nota no del acorde, tensión, se armoniza teniendo en cuenta que ésta omite a la inmediata inferior del acorde.

148

### 11.2.1.3 Notas de aproximación

Estas notas se pueden rearmonizar de diversas maneras, según sus posibles análisis melódicos; estas rearmonizaciones se contemplan en el capítulo (XIV).

### 11.2.1.4 "b2" con la melodía

Este caso se produce cuando el acorde es mayor con la séptima mayor (1,3,5,7) y la fundamental está en la melodía. Para evitar esta segunda menor entre las dos voces superiores se utiliza la sexta en lugar de la séptima del acorde.

Este intervalo (b2) se puede producir libremente entre otras dos voces.

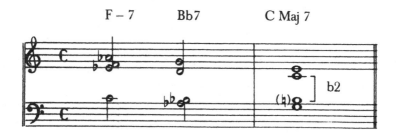

149

11.2.1.5 Tesitura adecuada

Para utilizar soli cerrado con cuatro voces es mejor que la melodía se mantenga en la tesitura:

11.2.1.6 Estructuras

Las estructuras que se pueden producir sobre las diferentes especies de acordes son las siguientes:

– Acorde Mayor con séptima mayor (1,3,5,7)

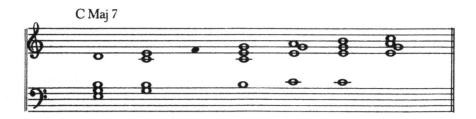

– Acorde Menor con sexta (1,b3,5,6)

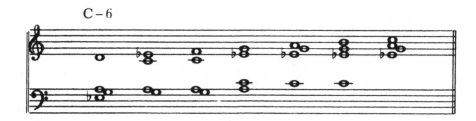

– Acorde Menor con séptima menor (1,b3,5,b7)

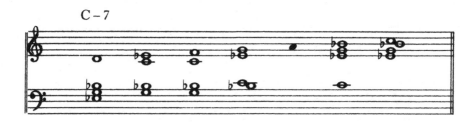

150

– Acorde Menor con séptima menor y quinta disminuida (1,b3,b5,b7)

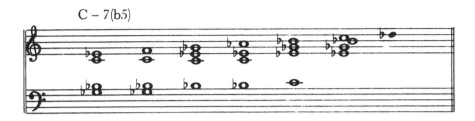

– Acorde Mayor con séptima menor (1,3,5,b7)

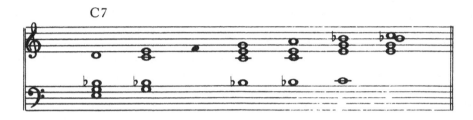

### 11.2.2 Disposiciones abiertas (↓ 2, ↓ 3, ↓ 2 + 4, Spread)

En todas estas disposiciones de las voces, la distancia entre la voz más aguda (1.ª voz) y la voz más grave (4.ª voz), será superior a la octava.

### 11.2.2.1 2.ª voz bajada (↓ 2)

Consiste en bajar una octava la segunda voz de una disposición cerrada, con lo que ésta pasará a ser la cuarta voz.

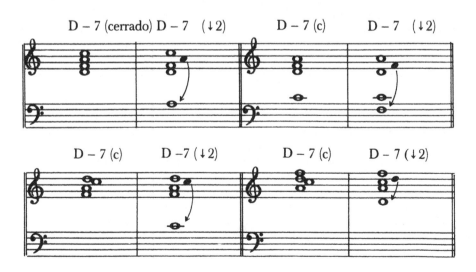

La técnica a usar en notas del acorde o en tensiones es la misma que la utilizada en soli cerrado, o sea que las notas no del acorde omiten a la inmediata inferior del acorde.

### 11.2.2.1.1 *Casos de "b9" en ↓ 2*

Con esta técnica ( ↓ 2) debe evitarse la "b9" que se crea con los acordes mayores con séptima mayor (1,3,5,7) cuando la fundamental está en la 1.ª voz. Para ello se usa también la sexta en lugar de la séptima.

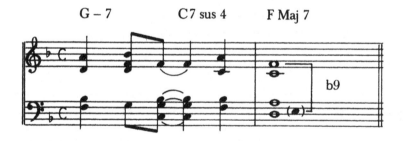

### 11.2.2.1.2 *Tesitura adecuada*

Cuando se usa esta técnica ( ↓ 2) es mejor que la 1.ª voz (melodía) se mantenga dentro de la tesitura:

11.2.2.1.3 *Estructuras*

Las estructuras que se pueden producir sobre las diferentes especies de acordes, son las siguientes:

– Acorde Mayor con séptima mayor (1,3,5,7)

C Maj 7

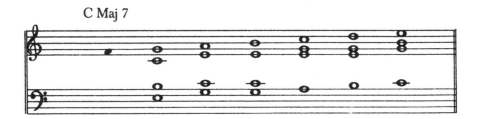

– Acorde Menor, sexta (1,b3,5,6)

C – 6

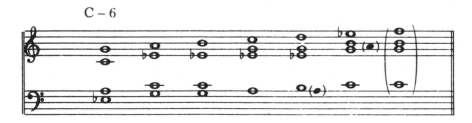

– Acorde Menor con séptima menor (1,b3,5,b7)

C – 7

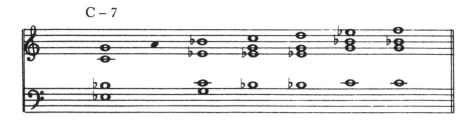

– Acorde Menor, séptima menor y quinta disminuida (1,b3,b5,b7)

C – 7 (b5)

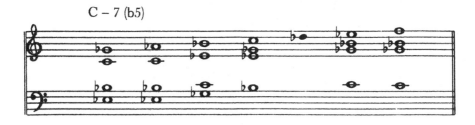

– Acorde Mayor con séptima menor (1,3,5,b7)

**11.2.2.2**   3.ª voz bajada ( ↓ 3)

Consiste en bajar una octava la tercera voz de una disposición cerrada
con lo que ésta pasa a ser cuarta voz.

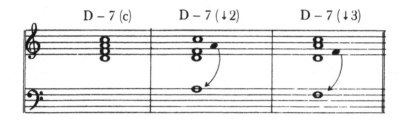

Con notas del acorde o con tensiones la realización seguirá las mismas
pautas que en disposición cerrada.

**11.2.2.2.1**  *Casos de "b9" en ( ↓ 3)*

Estos intervalos se producen también en los acordes mayores de séptima
mayor, cuando la tercera del acorde está en la 1.ª voz; se debe evitar,
como en los demás casos, usando la sexta en lugar de la séptima.

154

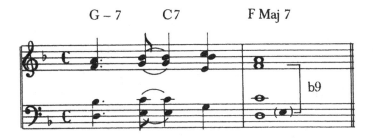

### 11.2.2.2.2 *Tesitura adecuada*

Con esta técnica ( ↓ 3) es mejor que la 1.ª voz (melodía) se mantenga dentro de la tesitura:

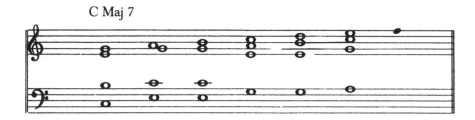

### 11.2.2.2.3 *Estructuras*

Las estructuras que se pueden producir sobre las diferentes especies de acordes, son las siguientes:

− Acorde Mayor con séptima mayor (1,3,5,7)

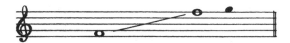

− Acorde Menor, sexta (1,b3,5,6)

155

- Acorde Menor con séptima menor (1,b3,5,b7)

C – 7

- Acorde Menor, séptima menor y quinta disminuida (1,b3,b,5,b7)

C – 7 (b5)

- Acorde Mayor con séptima menor (1,3,5,b7)

C7

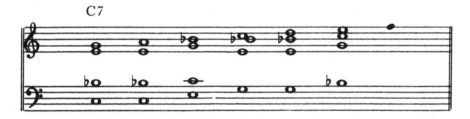

11.2.2.3   2.ª y 4.ª voz bajadas ( ↓ 2 + 4)

Consiste en bajar una octava la segunda y cuarta voz de una disposición cerrada.

D – 7 (c)          D – 7 (↓2)          D – 7 (↓3)          D – 7 (↓2 + 4)

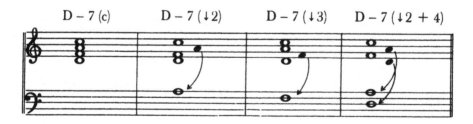

Se utilizan en esta técnica las mismas pautas que en soli cerrado para las notas del acorde y tensiones.

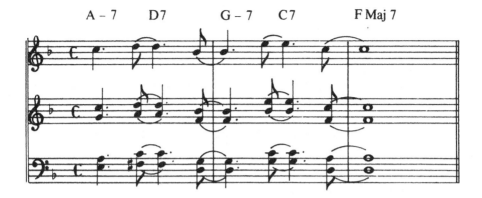

### 11.2.2.3.1 *Casos de "b9" en (↓ 2 + 4)*

Se produce con el acorde mayor con séptima mayor cuando en la 1.ª voz se encuentra la quinta o la fundamental del acorde, en ambos casos se solucionará usando la sexta en lugar de la séptima del acorde.

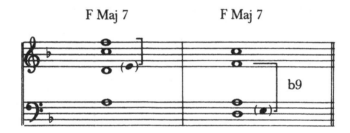

### 11.2.2.3.2 *Tesitura adecuada*

Con esta técnica (↓ 2 + 4) es mejor mantener la 1.ª voz (melodía) en la tesitura:

### 11.2.2.3.3 *Estructuras*

Las estructuras que se pueden producir sobre las distintas especies de acordes, son las siguientes:

– Acorde Mayor con séptima mayor (1,3,5,7)

C Maj 7

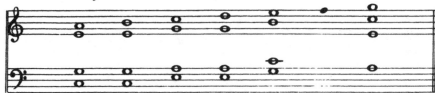

– Acorde Menor, con sexta (1,b3,5,6)

C – 6

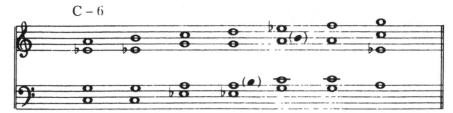

– Acorde Menor con séptima menor (1,b3,5,b7)

C – 7

– Acorde Menor séptima menor con quinta disminuida (1,b3,b5,b7)

C – 7 (b5)

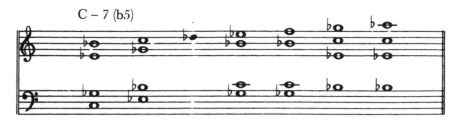

– Acorde Mayor con séptima menor (1,3,5,b7)

C7

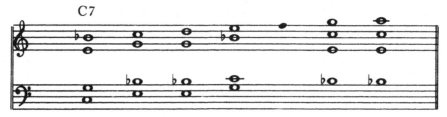

### 11.2.2.4 "Spread"

El "spread" es una técnica fundamentada en diferentes principios que las anteriores ( ↓2, ↓3, ↓2 + 4) y para su realización se deben tener en cuenta las siguientes consideraciones:

a. La voz más grave (4.ª voz) será siempre la fundamental del acorde (a menos que una determinada inversión esté indicada en el cifrado).
b. Las voces interiores (2.ª y 3.ª voz) serán las dos notas guías del acorde.
c. La melodía (1.ª voz) será cualquier nota del acorde o tensión.
d. La distancia entre dos voces adyacentes no superará la octava excepto entre la 3.ª y 4.ª voz que podrá ser de décima.
e. Las tesituras para cada voz serán:

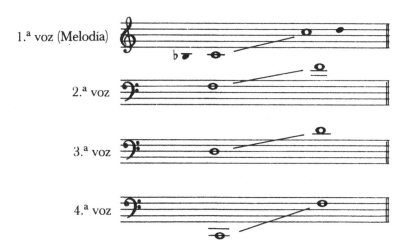

f. La conducción de las voces interiores (2.ª y 3.ª voz) será lo más suave posible (nota común o grado conjunto) cuando se usa como soporte armónico.

g. Cuando en la melodía se encuentra una nota guía, ésta podrá duplicarse en las voces interiores (2.ª y 3.ª voz) o ser substituida por la quinta o novena del acorde.

Duplicación de la séptima:

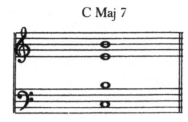

La quinta para evitar duplicación de una nota guía:

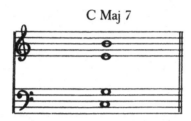

La novena para evitar la duplicación de una nota guía:

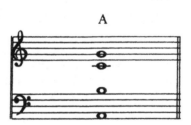

En cualquier caso evitar el intervalo de 2.ª menor (semitono) con la melodía y "b9" entre cualquiera de las voces.

### 11.2.2.4.1 *Usos del Spread*

Cabe distinguir dos usos principales para esta técnica, la de soli o sea armonizar una melodía nota a nota en Spread y la de soporte armónico, usado como fondo armónico a una melodía.

En el primer caso el uso de esta técnica sólo será adecuada con melodías poco activas, ya que el Spread tiene un claro predominio vertical.

160

Lo que sí es más frecuente es el uso del Spread en determinados puntos de una melodía tratada en soli cerrado o abierto.

En el capítulo anterior, se explica cómo crear una línea de soporte armónico, moviéndose en general de nota guía a nota guía. La utilización de cuatro voces en Spread para un soporte armónico permite que la primera voz del spread no tenga que ser forzosamente una nota guía, ya que las voces 2.ª y 3.ª lo serán y además las dos, deberán, siempre que puedan, hacer la normal resolución de una nota guía. Así la primera voz queda libre para atacar cualquier nota del acorde o tensión.

En el ejemplo anterior la primera voz del Spread es libre de atacar cualquier nota del acorde o tensión junto con el resto de voces del Spread; además, cuando la melodía es pasiva la primera voz es ornamentada, mientras el resto de voces armónicas mantienen el sonido del acorde.

### 11.2.2.4.2 *El Spread a tres voces*

Esta técnica es una reducción de la de Spread con cuatro voces y el único cambio está en la omisión de la primera voz del mismo, quedando la fundamental del acorde en la voz más grave y las dos notas guías en las otras dos voces.

Esto hace que esta técnica se use casi exclusivamente como soporte armónico.

## 11.3 CONSIDERACIONES GENERALES

La utilización de las distintas disposiciones en el soli a cuatro voces, vendrá delimitada por varios factores:

– Dirección: Se debe tener presente que la mayor proyección hacia adelante de una frase, se obtiene en unísono, o sea lo más cerrado posible. En una situación melódica en la que se desea un cierto peso, se puede usar cerrado o (↓ 2) según la tesitura de la melodía o de los instrumentos que forman el soli.

– Peso: En melodías inactivas o en puntos de predominio vertical se puede usar (↓ 2 + 4) o Spread.

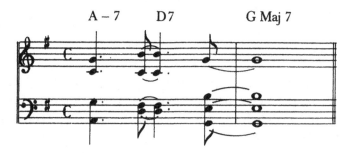

– Resolución: En una frase melódica al unísono se puede usar ( ↓ 2 + 4 ) o Spread en su nota de resolución, cuando una acentuación con peso es deseada.

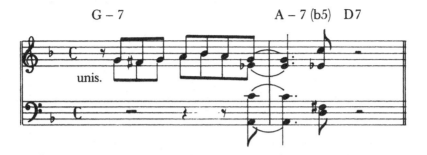

## 11.4    COMBINACIONES CON CUATRO VOCES

Además de las técnicas de soli con cuatro voces, se pueden usar otras de menor densidad que no son más que una aplicación de las técnicas usadas con dos y tres voces.

Las principales combinaciones son:

    a. Unísono u octavas.
    b. Doble dueto.
    c. Melodía y tres voces en background.
    d. Melodía soli a tres voces y background.

### 11.4.1    Unísono u octavas

El unísono con cuatro voces es una de las técnicas más usadas, en general como más instrumentos tenemos al unísono, más peso tenemos en la melodía sin perder dirección, o sea, sentido melódico.

### 11.4.2    Doble dueto

Consiste en armonizar la melodía principal en soli a dos voces (dueto) y la contramelodía, el background activo, armonizado también en dueto.

En esta técnica es usual la sobreposición entre los dos duetos.

### 11.4.3 Melodía y background armonizado a tres voces

El background puede ser activo o pasivo, en cualquier caso la armonización del mismo se hará usando la técnica de soli a tres voces, o Spread.

### 11.4.4 Melodía armonizada en soli a tres voces y background

El background podrá ser activo o pasivo y a una sola voz.

# XII. LÍMITE DE LOS INTERVALOS BAJOS

12.1      LÍMITES PARA LOS INTERVALOS BAJOS

El "Fa 2" se considera el sonido que delimita los sonidos graves de los medios.

Debajo de esta nota (Fa 2) los intervalos armónicos suenan oscuros y sólo los intervalos primeros de la serie armónica pueden usarse libremente, si no se desea caer en sonoridades imprecisas.

Cada intervalo armónico, en la tesitura grave, tiene un límite que normalmente no debe superarse. O sea, no debe, escribirse un intervalo determinado debajo del indicado como límite.

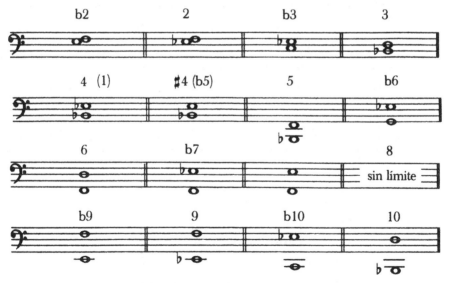

[1] Este intervalo cuando se crea entre la fundamental y la quinta del acorde, se puede usar hasta la tesitura.

165

En realidad, con el uso de las tesituras adecuadas para la "voz lead" (melodía), ya se evita caer en problemas sobre los intervalos bajos. A pesar de esto, lo que realmente debe tenerse presente son los límites indicados, esto nos permitirá usar una determinada técnica por debajo de la tesitura adecuada para la "voz lead" si la armonización resultante no tiene problemas con los intervalos bajos.

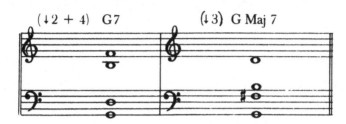

Casi nunca se producirán problemas con estos límites cuando una determinada técnica nos dé como resultado la fundamental o la quinta justa como voz más grave, ya que estas notas son los primeros sonidos concomitantes de la serie armónica.

12.2    LA FUNDAMENTAL IMPLICITA

La oscura sonoridad producida por los intervalos armónicos en el registro grave, debe tenerse presente, no sólo entre las voces reales de una determinada sección, si no, además, con la fundamental implícita del acorde.

El bajo o contrabajo tocará normalmente la fundamental del acorde, como primera nota de una determinada armonía, ya que una de sus funciones principales es la de definir la armonía. Así, además de evitar crear intervalos armónicos más bajos que el limite que para ellos se ha dado anteriormente, deberá evitarse también cualquier nota cuyo intervalo con la fundamental implícita del acorde cree problemas con los límites de los intervalos bajos, aun cuando el ataque de ésta no coincida con el bajo.

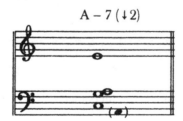

En el ejemplo, en apariencia, no hay problema con los intervalos bajos, ya que entre el "Do" y el "Sol" hay una quinta justa muy por encima del límite de dicho intervalo, pero al pretender que la sonoridad sea de A-7, la fundamental de este acorde debe asumirse en el registro grave, esto ocasiona un intervalo de "b3" (tercera menor) debajo de su límite.

Este mismo ejemplo y con una pretendida sonoridad de C6 estaría correcto.

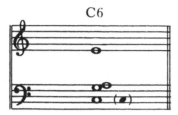

Estos límites deben considerarse entre cualesquiera de las voces que están dentro del registro grave entre ellas y entre ellas y la fundamental implícita.

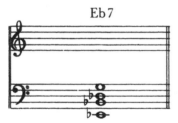

En el ejemplo el límite de los intervalos bajos está sobrepasado, no entre las dos voces graves, sino entre la segunda y cuarta voz o entre la segunda y tercera.

## 12.3    ACORDES INVERTIDOS

En este caso no debe tenerse en cuenta la fundamental implícita,

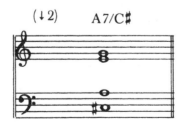

pero sí la nota que produce la inversión.

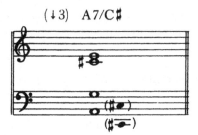

En este ejemplo la inversión (C♯) debe tenerse en cuenta, por lo que debe evitarse, al sobrepasar ésta el límite de los intervalos bajos de tercera mavor o sexta menor, según se sobreentienda la inversión en una u otra octava.

# XIII. TENSIONES ARMONICAS (CUATRO VOCES)

13.1    LAS TENSIONES ARMONICAS

Las tensiones armónicas que se pueden usar en una determinada estructura vertical, están relacionadas directamente con la relación escala-acorde; este tema está desarrollado en el libro "Teoría de la Música e introducción a la armonía moderna".

En este texto, y sólo a modo de referencia, se incluyen las principales escalas en el anexo, en él se indican las tensiones y las notas a evitar en negro (si las hay), para cada especie y función tonal de los acordes.

13.2    BALANCE

En una determinada estructura vertical, una de las consideraciones que debe tenerse presente, es el equilibrio entre las distintas voces; esto se refiere al intervalo entre voces adyacentes.

El adecuado balance se puede encontrar dividiendo la distancia entre la voz más aguda y la más grave en partes iguales.

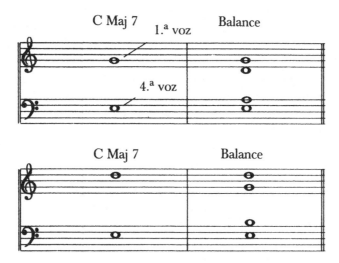

Evidentemente una subdivisión exacta no será, en general, posible, ya que únicamente se usarán notas del acorde y tensiones disponibles, pero en la medida de lo posible será útil tener este objetivo presente.

Hay un factor a tener en cuenta en el balance de una estructura vertical que es la distribución de los sonidos en la serie armónica. En ella los sonidos graves están más distanciados entre sí que los agudos, disminuyendo esta distancia progresivamente desde los graves a los agudos. Así se puede considerar igualmente equilibrado un acorde cuya disposición de voces crea intervalos mayores (más grandes) entre las voces graves y menores (más pequeños) entre las agudas.

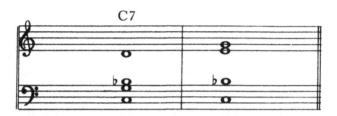

El intervalo que se crea entre la primera y la segunda voz y el intervalo que se crea entre la segunda y tercera voz, será mejor que sean iguales o que uno de ellos sea como máximo una segunda mayor que el otro.

El adecuado equilibrio entre las voces es un factor a tener en cuenta, pero no un factor descalificador de la validez de una determinada estructura.

## 13.3    COLOCACION DE LAS TENSIONES

Debe tenerse presente que donde mejor consiguen su efecto las tensiones armónicas es encima del sonido fundamental del acorde, dado que en general asumimos la fundamental en el bajo, las tensiones estarán adecuadamente situadas si tienen una o mejor las dos notas guías debajo de ellas y en la misma sección. La novena y ésta en especial en los acordes de dominante es la tensión que prescinde más de esta consideración; en cambio la tensión ♯11 y la 13 o b13 son especialmente sensibles a esto.

## 13.4    USO DE LAS TENSIONES ARMONICAS

Preferentemente el uso de estas tensiones armónicas se hace en puntos de predominio vertical de la melodía, aunque claro está que éstas pueden usarse en situaciones melódicas si se hace de forma adecuada. Los principales casos son:

a. Cuando una estructura tiene una tensión en la melodía.

b. Cuando la armonía requiere una determinada tensión.

c. En una disposición abierta a fin de equilibrar el intervalo que esta disposición ha ampliado.

En el primer caso cuando una tensión está en la melodía, se puede ayudar a sostener ésta preferentemente con una tensión de inferior valor.

En el segundo caso, ya que la armonía indica el uso de una determinada tensión, ésta deberá estar incluida en la estructura si ello es posible.

Y finalmente al usar las técnicas de posición abierta ($\downarrow 2$, $\downarrow 3$, $\downarrow 2 + 4$) se crea un espacio que a menudo podrá ser adecuadamente rellenado usando una tensión armónica.

## 13.5 SUSTITUCIONES ADECUADAS

Al usar una tensión armónica, se deberá omitir una nota del acorde. Las omisiones adecuadas son:

| 9 | por 1 | 13 | por 5 | $\sharp$11 por 5 |
| b9 | por 1 | b13 | por 5 | 7 por 6 |
| $\sharp$9 | por 1 | | | |

$$(1) \begin{cases} 11 \text{ por } 5 \text{ o } b5 \\ 11 \text{ por } b3 \text{ en determinados casos.} \end{cases}$$

## 13.6 POSICION CERRADA

La "9", "b9" o "$\sharp$9" puede ser usada en lugar de la fundamental en cualquier voz y en cualquier acorde.

Aunque deben tenerse siempre en cuenta las tensiones disponibles para la especie y la función tonal, como se ha indicado anteriormente. (Ver apéndice C .)

### 13.6.1 **Situaciones inadecuadas**

No debe usarse la 9.ª:

a. Cuando produce semitono con la melodía.

b. Cuando produce tono con la melodía en situaciones melódicas. Especialmente evitar el tono formado por 11 y b3 en las dos voces superiores.

c. En los acordes "$-7(b5)$" (1,b3,b5,b7), cuando usan la escala locria.

d. En el III-7.

[1] Hay que remarcar que en los acordes V7 (sus 4) la 4.ª es nota del acorde, no tensión 11, esta tensión (11) sólo se puede producir en acordes con tercera menor.

e. En los acordes disminuidos. Estos acordes serán preferentemente rearmonizados. Si el caso no es adecuado, normalmente sólo usarán tensiones melódicas.

f. Cuando la fundamental está en la melodía.

### 13.6.2 Acorde Mayor con séptima mayor (1,3,5,7) (1,3,5,6)

C Maj 7 (C6)

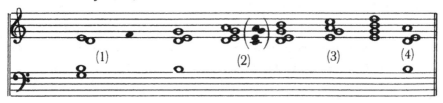

(1) El tono con la melodía no será demasiado adecuado en situaciones melódicas.

(2) Tono con la melodía posible ya que son dos notas del acorde (la 6.ª se considera nota del acorde en esta estructura y la 7.ª la tensión de la 6.ª), pero el balance entre voces es pobre (tono entre las dos voces inferiores y superiores).

(3) Uso de la 6.ª ya que la 7.ª crearía semitono con la melodía (1.ª voz), no puede usarse 9/1 ya que el 1 es la melodía.

(4) La 6.ª por la 5.ª, excepción posible.

### 13.6.3 Acorde Menor con sexta o séptima (1,b3,5,6) (1,b3,5,7)

C – 6 (C – Maj 7)

(1) No puede usarse 9/1 ya que se crearía semitono con la 1.ª voz.

(2) Al evitar el tono entre la "tensión 11" y la "b3" se crea una estructura híbrida, evitar esta estructura en lo posible.

(3) Balance inadecuado.

(4) Utilización de la 6.ª en lugar de la 7.ª, a fin de evitar semitono entre las dos voces superiores.

(5) Mejor balance usando la 7.ª que la 6.ª.

### 13.6.4 Acorde Menor con séptima menor (1,b3,5,b7)

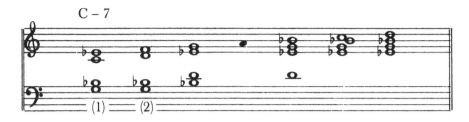

(1) Misma situación que el caso 1 anterior.
(2) Misma situación que el caso 2 anterior.

### 13.6.5 Acorde Mayor con séptima menor (1,3,5,b7)

(1) No adecuado en situaciones melódicas.

En todas las estructuras se usaría b9/1 en el caso de ser ésta la tensión adecuada según la escala correspondiente a la función tonal del acorde.

### 13.6.6 Otras tensiones en posición cerrada

En general no se usan otras tensiones en cuatro voces en posición cerrada, a menos que éstas estén explícitamente indicadas en el cifrado. En este caso, sin embargo, deberán tenerse en cuenta también todas las consideraciones anteriores sobre balance y tono y semitono con la primera voz.

(1) Semitono entre las dos voces superiores.
(2) Inadecuado balance.

173

13.6.7   **Casos especiales**

El mejor caso para usar la tensión 13 en los acordes de dominante, se produce cuando la tensión 9 está en la primera voz.

Esta disposición es adecuada cuando la "voz lead" está incluida en la tesitura:

Cuando un acorde de dominante está cifrado con la tensión b9 y la fundamental se encuentra en la primera voz, puede usarse una disposición especial que consiste en omitir la séptima del acorde.

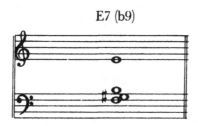

Esta disposición es posible siempre que la primera voz no sea más grave que el "Mi 3".

En general, y no sólo en posición cerrada, no debe situarse una tensión más abajo del "Fa 2" que es el límite que determina los registros medios de los graves.

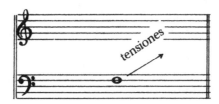

## 13.7    POSICIONES ABIERTAS

### 13.7.1    **Segunda voz bajada ( ↓ 2)**

El lugar más adecuado en donde colocar una tensión armónica es en la nueva segunda voz.

Esto es en razón de que esta técnica ( ↓ 2) es el resultado de bajar la segunda voz, de una posición cerrada, una octava. Al bajar dicha segunda voz quedará un hueco entre la primera y la tercera voz de la posición cerrada, que ahora será la nueva segunda voz.

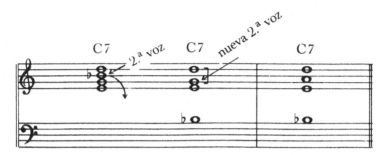

Este hueco se puede rellenar con la adecuada tensión teniendo en cuenta lo indicado anteriormente sobre las omisiones que producen las tensiones, en este caso 13/5.

#### 13.7.1.1    Situaciones inadecuadas

No deben usarse tensiones armónicas en esta técnica ( ↓ 2) cuando éstas producen un intervalo de "b9" con cualquier otra voz.

Será mejor evitarlas cuando crean un intervalo de sexta con una voz advacente y si crean un intervalo de quinta disminuida o cuarta aumentada con la primera voz.

#### 13.7.1.2    Acorde Mayor con séptima mayor (1,3,5,7)

C Maj 7

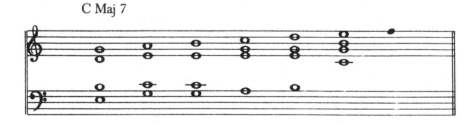

En esta especie pocas posibilidades de colocación de tensiones se pueden producir. En una situación en donde más tensión se desea puede utilizarse 9/1 en cualquier voz, siempre, claro está, teniendo presente las consideraciones de balance y las situaciones inadecuadas.

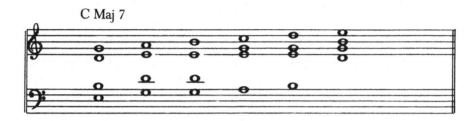

C Maj 7

13.7.1.3   Acorde Menor con sexta o séptima mayor (1,b3,5,7) (1,b3,5,6)

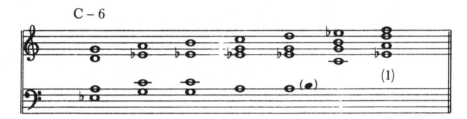

C – 6

(1)

(1)  Al emplear la tensión 11/5, la nueva segunda voz es "Do", por lo que puede usarse 9/1 en la nueva segunda voz.

13.7.1.4   Acorde Menor con séptima menor (1,b3,5,b7)

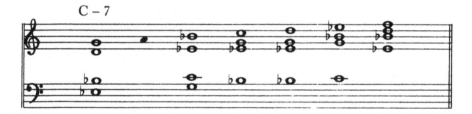

C – 7

Cuando un mayor grado de tensión se desea, se puede usar 9/1 en cualquier voz teniendo en cuenta las consideraciones generales citadas anteriormente.

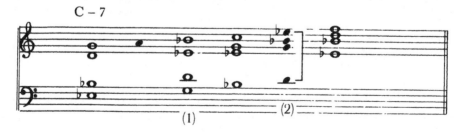

C – 7

(1)                    (2)

(1) Balance inadecuado.

(2) "b9" entre dos voces, totalmente inadecuado.

13.7.1.5    Acorde Mayor, con séptima menor (1,3,5,b7)

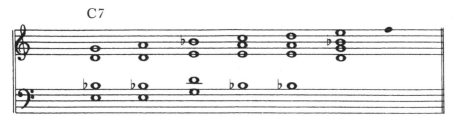

C7

En estos acordes se usa 9/1 en cualquier voz.

13.7.1.6    Acorde Menor séptima menor y quinta disminuida (1,b3,b5,b7)

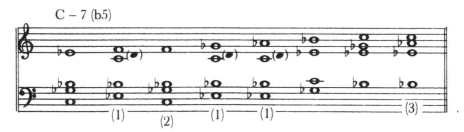

C – 7 (b5)

Estos acordes no acostumbran a usar tensiones ya que la 9.ª sólo es disponible cuando usan la escala dórica alterada y la b13, si se usa, deberá omitir la b5 que es una nota característica de este acorde (semiguía).

(1) La utilización de la 9.ª será sólo posible cuando la escala sea la dórica alterada.

(2) 11/b3.

(3) b13/b5, la sonoridad del acorde (C-7(b5)) queda confusa (Bb7 (sus4)).

13.7.1.7    Situaciones especiales

Cuando se desea mayor tensión en los acordes de séptima mayor, puede usarse 6/5 en la nueva segunda voz.

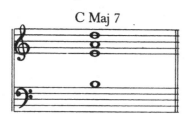

C Maj 7

Esta es una estructura en cuartas que merece un tratamiento a parte, aquí sólo se menciona esta posibilidad, ya que no es el propósito de este capítulo entrar en estas técnicas que son desarrolladas en otro posterior.

13.7.1.8    La tensión ♯11

En los dominantes esta tensión es posible en la nueva segunda voz cuando la fundamental o la 9.ª están en la primera voz.

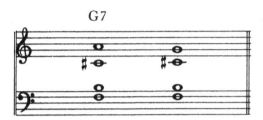

En ambos casos deberá usarse con cuidado ya que el balance es mejor usando la sustitución 13/5.

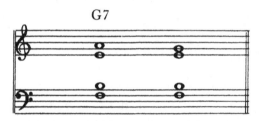

Además la quinta disminuida que se crea entre las dos primeras voces no es precisamente un intervalo muy adecuado.

La posibilidad de colocar la " ♯11" en otra voz en general no es muy aconsejable ya que creará problemas de balance superiores a los mencionados.

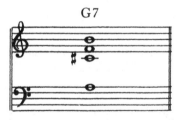

Esta estructura contiene las tensiones " ♯11" y "9" y tiene las notas guías encima de éstas. Cuando el bajo toque la fundamental, esta estructura tenderá a sonar a A7/G, con la "9.ª" en la primera voz y la "b13" en la segunda.

No es imposible la utilización de esta estructura pero sí deberá valorarse si es adecuado al contexto general de la frase y (o) del tema.

13.7.1.9    La tensión "11" en los acordes menores con séptima menor

La tensión "11" en un II-7 está especialmente indicada en la primera voz. Cuando ésta se usa como tensión armónica, en general lo que se consigue es un efecto de V7(sus4), precisamente el V7 relacionado con el II y el encadenamiento II-7–V7 se convierte en V7(sus4)–V7... Ello en sí no es bueno ni malo, sólo debe estar de acuerdo con el contexto.

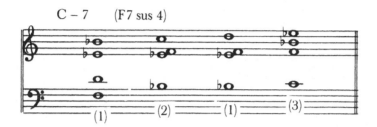

(1) El intervalo de sexta mejor evitarlo en ( ↓ 2).
(2) Posible.
(3) Mejor disposición (estructura en cuartas).

Debe tenerse en cuenta que la máxima calidad de la tensión "11", se encuentra en el intervalo de cuarta justa que crea entre la fundamental y la séptima que se da precisamente en este caso.

13.7.1.10   La tensión " ♯11" en Acordes Mayores con séptima mayor (1,3,5,7)

Estos acordes pueden usar esta tensión cuando no funcionan como I. Aun así el mejor uso de ésta es como tensión melódica. Cuando desee usarse como tensión armónica debe tenerse en cuenta el tritono que crea con la fundamental del acorde, que en el caso del IVMaj7 es precisamente el tritono de la tonalidad, con lo que puede hacerle fácilmente perder la condición de subdominante que tiene este acorde.

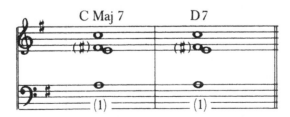

(1) La estructura suena identificable con el V7 (D7).

## 13.7.2 Tercera voz bajada ( ↓ 3)

En esta técnica el espacio se crea entre la segunda voz y la nueva tercera voz. Al usar una tensión armónica en la nueva tercera voz, lo que se consigue es alejarla más de la cuarta voz, ya de por sí bastante separadas en esta disposición, por lo que el uso de tensiones armónicas no es muy frecuente en esta técnica.

### 13.7.2.1 Situaciones inadecuadas

No deben usarse tensiones cuando:

a. Se crea semitono con la primera voz.
b. Se crea tono con la primera voz en una situación melódica.
c. Se crea "b9" entre dos voces cualquiera.

### 13.7.2.2 Acorde Mayor con séptima mayor (1,3,5,7)

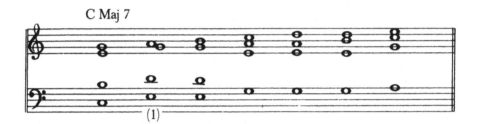

(1) Balance inadecuado.

### 13.7.2.3 Acorde Menor con séptima o sexta mayor (1,b3,5,7) (1,b3,5,6)

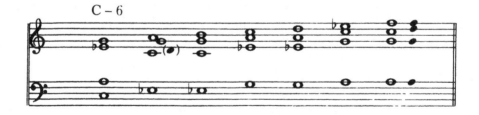

### 13.7.2.4 Acorde Mayor con séptima menor (1,3,5,b7)

En estos acordes puede usarse 9/1 en cualquier voz, teniendo en cuenta las consideraciones generales ya citadas.

C7

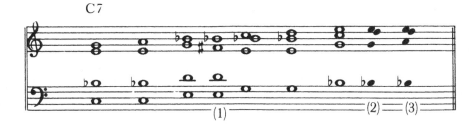

(1) Uso de ♯11/5 en la segunda voz. En este caso ayuda a cerrar el espacio entre la segunda y la tercera voz.
(2) No adecuado en situaciones melódicas.
(3) La "13" en la nueva tercera voz es posible, aunque el balance resultante hace su uso desaconsejable.

13.7.2.5    Acorde Menor con séptima menor (1,b3,5,b7)

C – 7

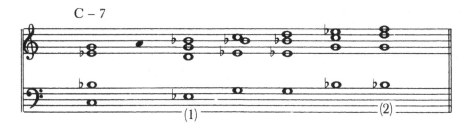

(1) Balance no muy adecuado.
(2) La tensión "11" omitiendo la "b3" y 9/1 en la segunda voz.

13.7.2.6    Acorde Menor con quinta disminuida y séptima menor (1,b3,b5,b7)

C – 7 (b5)

Esta especie no usa, en general, tensiones armónicas, sin embargo 9/1 será posible si la escala adecuada es la dórica alterada.

13.7.2.7    Situaciones especiales

La tensión " ♯11" en acordes de séptima mayor (1,3,5,7). La mejor situación está cuando la séptima o la sexta se encuentran en la melodía.

181

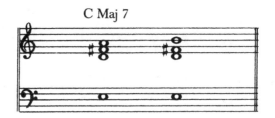

C Maj 7

Deben tenerse en cuenta las mismas consideraciones hechas para esta situación (" ♯ 11" en acordes con séptima mayor) en la técnica ( ↓ 2). Aunque en este caso al quedar la tercera del acorde como nota más grave y utilizar 9/1 la sensación de V7 (D7) queda más alejada.

13.7.2.8   La tensión "11" en acordes menores con séptima menor (1,b3,5,b7)

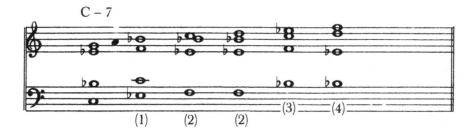

C – 7

(1)   (2)   (2)   (3)   (4)

(1)  Disposición posible, la "11" crea intervalo de cuarta con la séptima y la fundamental.
(2)  Sonido a V7(sus4), puede no resultar adecuado.
(3)  Posible, aunque no muy equilibrado.
(4)  La "11" en la melodía, empleando 11/5 (se debe usar 2 + 4).

13.7.3   **Segunda y cuarta voz bajadas** ( ↓ 2 + 4)

En esta técnica se usan las mismas pautas que en ( ↓ 2) siendo posible 9/1 en cualquier voz, especialmente en los dominantes y la colocación de otras tensiones se hará preferentemente en la nueva segunda voz.

13.7.3.1   Acorde Mayor con séptima mayor (1,3,5,7)

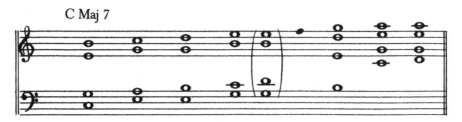

C Maj 7

### 13.7.3.2 Acorde Menor con sexta o séptima mayor (1,b3,5,6) (1,b3,5,7)

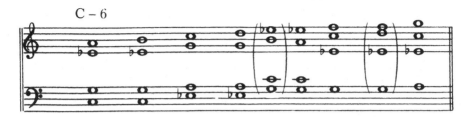

C – 6

### 13.7.3.3 Acorde Menor con séptima menor (1,b3,5,b7)

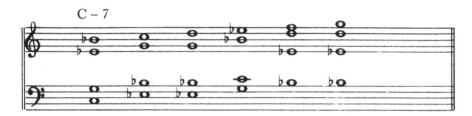

C – 7

### 13.7.3.4 Acorde de Mayor con séptima menor (1,3,5,b7)

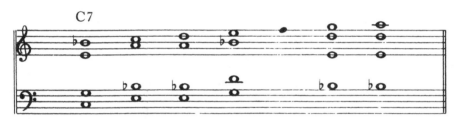

C7

### 13.7.3.5 Acorde Menor con quinta disminuida y séptima menor (1,b3,b5,b7)

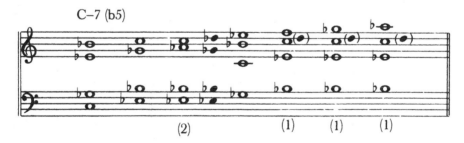

C–7 (b5)

(2)        (1)   (1)   (1)

(1) La utilización de 9/1 sólo es aceptable cuando este acorde usa la escala dórica alterada.

(2) La utilización de b13/b5 hace perder a la estructura todo el color del acorde C-7(b5), dando como resultado Eb7(sus4).

## 13.8　CONSIDERACIONES GENERALES

En situaciones melódicas debe tenerse en cuenta que el adecuado funcionamiento del soli viene dado, más por el movimiento horizontal de las voces que por el efecto vertical de las mismas. Así, y en esta situación, el uso de tensiones armónicas es mucho más restringido, generalmente la tensión se colocará en la nueva segunda voz o, en cualquier voz en el caso de 9/1 en los acordes de dominante preferentemente. En cambio en situaciones percusivas o donde un impacto vertical se desea, el uso de las situaciones especiales de las tensiones armónicas es mucho más libre.

De todas formas debe considerarse que se consigue mejor el efecto de tensiones armónicas cuando éstas están encima de las notas guías y el acorde está adecuadamente equilibrado.

# XIV. REARMONIZACION DE LAS NOTAS DE APROXIMACION

Las notas de aproximación, o las que no siéndolo reúnen las condiciones de éstas, son en general rearmonizadas.

La estructura usada para la rearmonización está directamente relacionada con el análisis melódico que reciben estas notas de aproximación. Además deberán usar la misma disposición (cerrado, ↓ 2, ...) que su objetivo.

14.1    CLASES DE REARMONIZACIONES

a.  Dominante.
b. Cromática.
c. Diatónica.
d. Paralela.

14.1.1    **Dominante**

Pueden usar este tipo de rearmonización las notas de aproximación clasificadas como "diatónicas" y para ello se usa una estructura dominante, cuya resolución sería el acorde al que pertenece la nota objetivo hacia la que se mueve la nota de aproximación que se está rearmonizando.

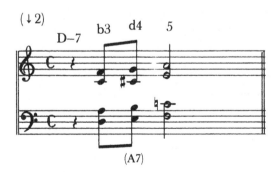

En este caso la nota a rearmonizar es la "d4", su nota objetivo es "La" que pertenece al acorde D-7, el dominante cuyo objetivo es este acorde es A7, por lo tanto rearmonizaremos la "d4" con A7.

185

Una de las pautas a tener en cuenta es que no debe haber notas repetidas en la misma voz entre la estructura objetivo y la de la nota de aproximación. Para evitar esta situación cuando se produzca, se puede usar cualquier forma alterada del dominante en cuestión (b5,b13,b9,♯9), lo único que se mantendrá invariable será el tritono).

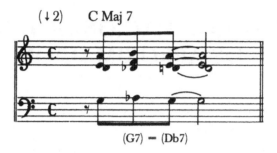

En el ejemplo al alterar la estructura de dominante a fin de evitar notas repetidas en la misma voz, se produce como resultado el dominante sustituto.

14.1.1.1   Situaciones especiales

Las peores situaciones para usar este tipo de rearmonización, son los casos de "d1" y "d♯4".

En el primer caso la diatónica "1" al rearmonizarla dará como resultado un dominante (sus4), por lo tanto, sin tritono.

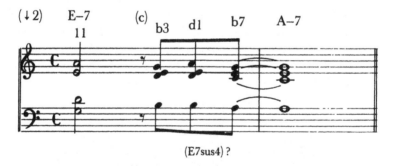

En el ejemplo la rearmonización de la "d1" no permite el uso de una estructura adecuada de dominante con el característico tritono, el resultado es ambiguo. ¿(E7sus4)? ¿(E-7)? Para esta diatónica lo mejor será emplear alguno de los otros tipos de rearmonización.

En el segundo caso la "d♯4" es una nota de imposible rearmonización con una estructura de dominante con este objetivo, ya que dicha nota sería la séptima mayor de esta estructura de dominante.

186

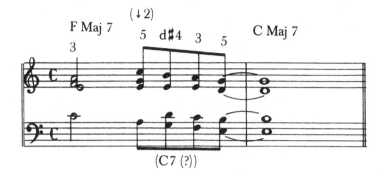

### 14.1.2 Cromática

Pueden usar este tipo de rearmonización las notas de aproximación clasificadas como "cromáticas". Para esto se usa una estructura en donde cada una de las voces se mueve cromáticamente y en la misma dirección hacia la estructura objetivo.

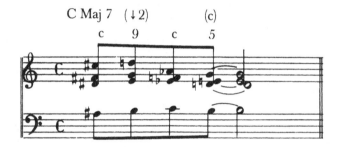

En el ejemplo el "Do ♯" es cromático hacia el "Re" novena de CMaj7, así se armoniza con una estructura en que todas las voces se mueven cromáticamente hacia la armonización elegida para la nota objetivo; lo mismo sucede con el "Lab" hacia el "Sol", sólo que aquí la dirección es descendente.

Esta rearmonización puede usarse también sobre las notas de aproximación que son diatónicas por semitono.

No hay que olvidar que las notas del acorde que reúnen las condiciones de nota de aproximación pueden ser tratadas como tales.

En el ejemplo anterior la nota "Fa" es tratada como cromática.

En el siguiente, la nota "Si" es tratada como diatónica "d3".

En la rearmonización se usa la "♯9" para evitar nota repetida en la misma voz.

14.1.3 **Diatónica**

Esta rearmonización se puede usar sobre acordes de función tonal de tónica o subdominante, empleando en la nota de aproximación diatónica una estructura de función contraria, o sea, si el acorde es de tónica se rearmoniza la diatónica de aproximación con una estructura de subdominante y viceversa.

En el ejemplo anterior el "Fa" del primer compás está rearmonizado con un acorde de subdominante D-7, el "Re" no puede usar esta rearmonización ya que daría nota repetida en la misma voz, por lo que se emplea rearmonización de dominante. En el segundo compás la nota "Sol" está rearmonizada con una estructura de tónica E-7.

14.1.3.1    Casos especiales

Cuando se desea un contraste especial se puede usar como función contraria a tónica, subdominante menor v tónica menor como función contraria de subdominante.

En un contexto de Blues las funciones tonales son I7 para tónica y IV7 para subdominante. En este caso se podrá usar como función contraria a I7 el IV7 v viceversa.

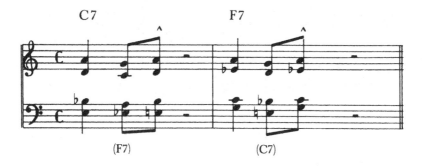

14.1.4    **Paralelo**

Esta rearmonización se puede utilizar en notas diatónicas a tono del objetivo, en sí las cromáticas siempre usan rearmonización paralela a semitono de su objetivo.

La rearmonización consiste en una estructura que es exactamente igual a la del objetivo, un tono por encima o por debajo según sea el movimiento de la nota rearmonizada.

## 14.2    REARMONIZACIONES ESPECIALES

### 14.2.1    **Grupos de notas de aproximación**

#### 14.2.1.1    Doble cromático

Se rearmonizan las dos notas que forman el doble cromático con la misma estructura que su nota objetivo, moviendo todas las voces en la misma dirección.

#### 14.2.1.2    Resolución retardada

La resolución retardada está formada por dos notas de aproximación:

a. Diatónica-Diatónica.
b. Cromática-Cromática.
c. Diatónica-Cromática.
d. Cromática-Diatónica.

Se rearmoniza cada una de ellas en la misma disposición que la nota objetivo y con las posibilidades dadas por su condición melódica.

190

F Maj 7

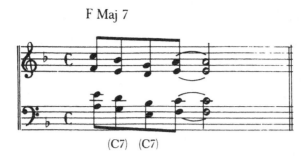

(C7)   (C7)

F Maj 7

En los ejemplos anteriores la nota "Sib" es tratada primero como "d4" y después como cromática, ya que reúne ambas condiciones.

F Maj 7

En el ejemplo anterior en primer lugar se han rearmonizado las dos notas de la resolución retardada como cromáticas y en segundo lugar como diatónica (dominante) y cromática.

### 14.2.2 La escapada

Es una corchea no acentuada que resuelve de tercera descendente sobre una nota principal; en general viene precedida de grado conjunto ascendente.

Las situaciones más usadas son las que la escapada es la última nota de una armonía y su resolución es la primera de un nuevo acorde. Su rearmonización adecuada es la de dominante.

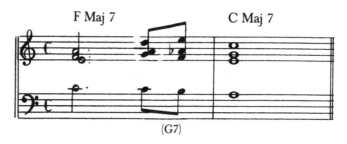

Las mejores situaciones son las que al rearmonizar la escapada, ésta resulta una tensión del dominante empleado en la rearmonización; en el ejemplo es "13" de G7 y "♯9" de D7.

En una consideración más amplia de este caso, se puede tratar como escapada cualquier corchea no acentuada que salta hacia una nota principal que es la primera de un nuevo acorde.

En esta última consideración deberá tenerse en cuenta la intención melódica y será adecuado este trato de escapada tanto en un final de frase como en una anacrusa.

### 14.2.3 Doble anticipación rítmica

Consiste en un grupo de cuatro corcheas en donde las dos últimas notas son iguales a las dos primeras y la última corchea es la anticipación rítmica de un nuevo acorde.

La rearmonización adecuada consiste en armonizar las dos primeras corcheas tal y como se haga con las dos últimas.

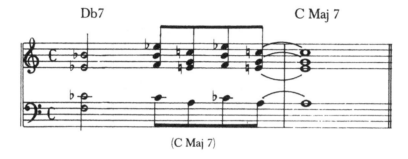

El caso más frecuente de doble anticipación se produce como en el ejemplo, con un salto de tercera descendente.

### 14.3 MELODIA INDEPENDIENTE

Esta es una técnica alternativa en la rearmonización de notas de aproximación o de corcheas inacentuadas.

Consiste en armonizar sólo los puntos de la melodía de claro predominio vertical y dejar el resto de notas melódicas moverse independientemente.

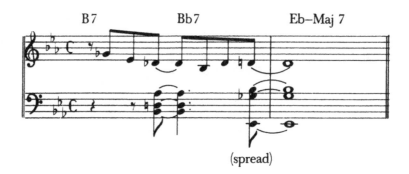

Esta técnica se usa especialmente en anacrusas, en notas inacentuadas y en registros poco adecuados para la rearmonización en bloque tipo "soli".

(spread)

No es imprescindible dejar que las voces armónicas mantengan el sonido si se desea un efecto más percusivo.

# XV. CONSTRUCCION DEL SOLI

15.1    PROBLEMAS DE ARTICULACION

Cuando se aplican las técnicas de soli para armonizar una melodía, deben tenerse en cuenta los problemas de articulación que se producen en los instrumentos de viento, cuando tratan de atacar la misma nota (nota repetida en la misma voz) juntamente con otros vientos que no lo hacen; esto produce un cierto "staccato" no deseado en la articulación del soli, dando lugar a una irregularidad sonora.

La frase:

puede tocarse ligada sin dificultad, pero si otra de las voces debe tocar:

Al tener nota repetida no podrá emitir el soplo de la misma manera, con lo que se creará una inadecuada articulación.

Así que deberá evitarse nota repetida en la misma voz con las siguientes excepciones:

(1)  Cuando la melodía repite nota.
(2)  Después de una nota larga (valor de una negra o más según el contexto de la frase melódica).
(3)  Después de un silencio.                         −  ∧   −  <
(4)  En una situación de anticipación rítmica o síncopa (do-dat) (do-drui).

### 15.1.1   Cuando la melodía repite nota

La primera voz repite, la tercera y la cuarta voz repiten también sin que con ello se cree conflicto en la articulación.

### 15.1.2   Después de una nota larga

La tercera y cuarta voz repiten después de una nota larga (valor de negra o más).

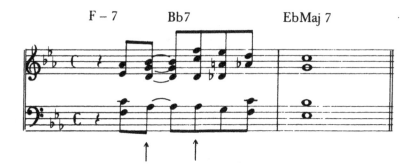

### 15.1.3   Después de un silencio

La cuarta voz repite después de un silencio.

## 15.1.4 En una situación de anticipación rítmica o síncopa

Tercera y cuarta voz repiten en una situación ( — < )

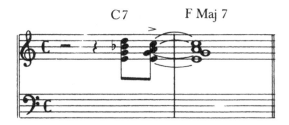

## 15.1.5 Casos especiales

En algunos casos se pueden cruzar las voces a fin de evitar nota repetida en la misma voz.

2.ª voz

3.ª voz

## 15.2 CONVENIENCIA DE TECNICAS CERRADAS O ABIERTAS

Además de evitar nota repetida en la misma voz, para construir un soli adecuado debe diseñarse frase a frase, teniendo en cuenta que a mayor actividad melódida la posición cerrada o ( ↓ 2) serán las más adecuadas. Que en los puntos de predominio vertical una disposición abierta (↓ 2 + 4 o Spread) pueden dar el peso adecuado. Y que pueden combinarse unísono y soli.

## 15.3     CARACTERISTICAS ESPECIALES DE LAS DISTINTAS VOCES

Tratar de que la voz más grave tenga un interés, como, por ejemplo, mediante notas guías que se mueven por grado conjunto o cuando se desee mayor peso utilizar fundamentales.

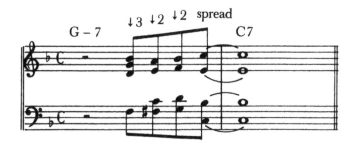

Tratar de que las voces interiores no salten más de una segunda más que la 1.ª voz (1), exceptuando a la cuarta voz cuando ésta está tocando fundamentales (Spread).

Grados conjuntos en la cuarta voz y en dirección contraria a la melodía pueden justificar algunas estructuras poco usuales.

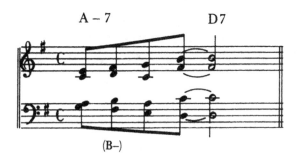

En el ejemplo anterior se utiliza aproximación diatónica con un acorde tríada, el III- con la 5.ª duplicada.

(1) En situaciones melódicas.

Finalmente tener en cuenta que el efecto del soli es hacer oír una melodía armonizada nota a nota, de forma que las voces interiores no deben restar importancia a la primera voz, que es la melodía, la segunda voz en importancia es la voz más grave del soli, así pues es de buen resultado realizar el soli colocando en primer lugar la voz más grave y después rellenar con una de las técnicas adecuadas.

# XVI. ESCRITURA A CINCO VOCES

## 16.1    MELODIA DOBLADA

Una de las técnicas más usadas para cinco vientos, es la de doblar la melodía una octava baja y aplicar al resto de las voces una de las técnicas abiertas o cerradas. El doblaje de la melodía puede hacerse ocasionalmente a la octava superior, si se dispone, por ejemplo, de flauta para ello.

### 16.1.1    **Cerrado**

### 16.1.2    (↓2)

16.1.3    (↓3)

16.1.4    (↓2 + 4)

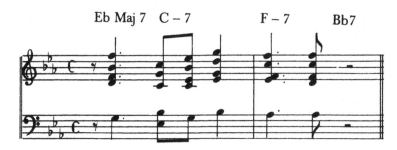

↓2 con flauta

### 16.1.5 **Tesitura adecuada**

La tesitura adecuada para estas técnicas viene marcada en su parte grave
por el límite de los intervalos bajos, en la parte aguda, al contener cinco
voces, la estructura permite que la melodía pueda estar en zona más
aguda que en cuatro voces.

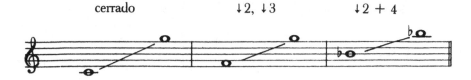

Cuando se utiliza esta técnica (melodía doblada) es normal que la voz que efectúa el doblaje sea la misma en toda la frase, al margen de los cruces que se pueden producir al utilizar distintas disposiciones abiertas o cerradas.

## 16.2    ACORDES DE CINCO VOCES

La técnica de cuatro voces con la melodía doblada, puede combinarse con estructuras de cinco voces reales sin doblaje; esto está indicado en puntos de la melodía de predominio vertical. Las mejores situaciones se encuentran cuando la melodía es nota del acorde; en este caso la voz que debería efectuar el doblaje utiliza la tensión que omite a dicha nota del acorde.

### 16.2.1    Acorde Mayor con séptima mayor (1,3,5,7)

Las situaciones donde es posible esta técnica, son cuando en la melodía se encuentra la fundamental (9/1) o la 6.ª (7/6).

203

## 16.2.2 Acorde menor con séptima menor (1,b3,5,b7)

En este acorde las situaciones adecuadas se producen cuando en la melodía está la fundamental o la 3.ª.

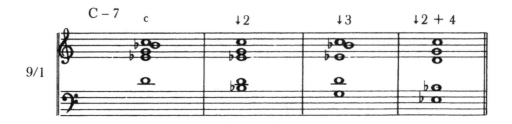

## 16.2.3 Acorde mayor con séptima menor (1,3,5,b7)

Las situaciones adecuadas estarán con la melodía en la fundamental o la 5.ª.

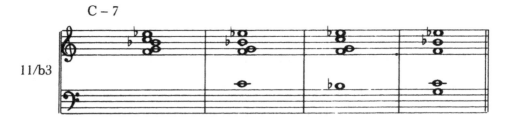

**Acorde menor con quinta disminuida y séptima menor (1,b3,b5,b7)**

La situación adecuada será cuando la melodía sea la "b5" del acorde.

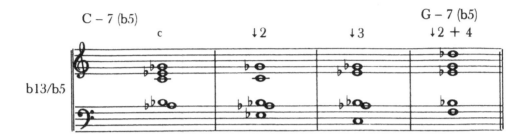

16.2.5 **Casos especiales**

En situaciones en que la melodía contiene una tensión alterada puede usarse otra tensión en la voz que debería efectuar el doblaje. Esto sólo se produce en los acordes de dominante.

La melodía es la tensión "♯9", la voz que debería doblar es la "b9" y viceversa.

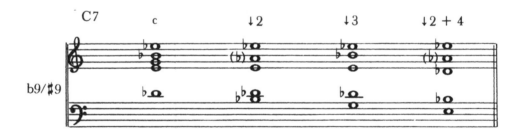

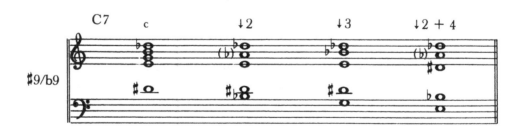

La melodía es la " ♯11", la voz que debería doblar es la "5.ª".

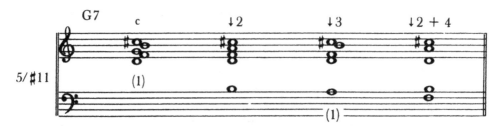

La melodía es la " ♯11", la voz que debería doblar será la tensión "13".

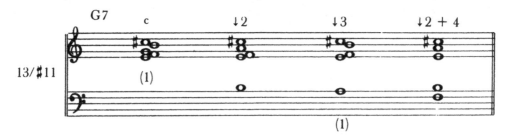

(1) Disposiciones poco adecuadas, ya que el tono entre la " ♯11" y la 3.ª en las dos voces superiores es mejor evitarlo.

En general, y cuando una tensión está en la melodía, la mejor realización estará en la duplicación de esta nota con la técnica de melodía doblada. Sin embargo, cuando la tensión en la melodía es la 9.ª y se produce en la resolución de una frase o motivo, es frecuente usar 1 por 9 en la voz que realiza el doblaje.

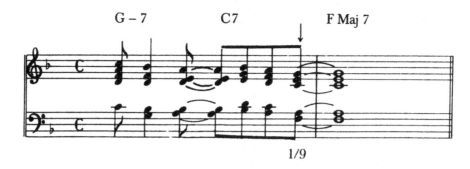

Esta técnica de cinco voces con melodía doblada fue muy usada por Glen Miller, con cuatro saxos y un clarinete, como primera voz del soli. En algunos métodos a esta distribución orquestal se le denomina el sonido Miller (The Miller's Sound).

## 16.3 SPREAD A CINCO VOCES

El Spread con cinco vientos se usa en las mismas situaciones que el realizado con cuatro voces. La técnica es prácticamente la misma con la quinta voz (más grave) tocando la fundamental, a menos que una determinada inversión esté indicada en el cifrado. Las voces tres y cuatro tocan notas guías, la segunda voz será una nota del acorde o tensión disponible, siendo la primera voz la melodía.

La distancia entre voces adyacenes no deberá superar la octava, excepto entre las dos voces inferiores, que podrá ser de décima. La estructura resultante podrá o no contener alguna duplicación.

Las tesituras para cada una de las voces son básicamente las mismas del Spread a cuatro voces, añadiendo una voz por encima.

Las tesituras adecuadas son:

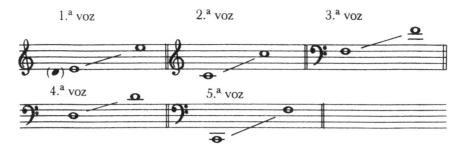

Las estructuras realizadas en Spread a cinco voces son de un efecto sonoro muy profundo, el hecho de tener la fundamental como nota grave, las dos notas guías inmediatamente encima y por encima de éstas las posibles tensiones, le dan en general un balance muy adecuado.

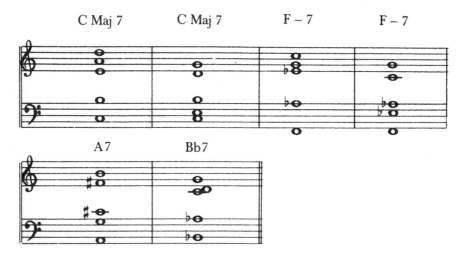

Cuando la melodía es una nota guía, puede evitarse su duplicación con la quinta o la novena en una de las voces tercera o cuarta.

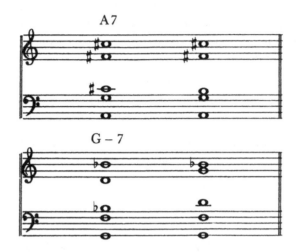

En algunas situaciones en donde la melodía está en la tesitura:

la tercera voz puede tocar cualquier nota del acorde o tensión v la segunda voz la guía restante.

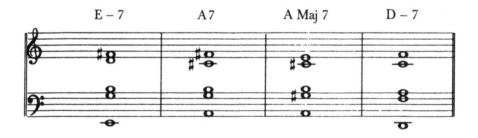

# XVII. VOCES EN CUARTAS

## 17.1     VOCES EN CUARTAS

Esta es una técnica empleada cuando se desea una sonoridad más ambigua y más moderna que las empleadas con las posiciones abiertas o cerradas estudiadas anteriormente. Lo que se debe tener en cuenta al aplicarla es el estilo de la obra, en general las voces en cuartas es una técnica "post be bop".

No hay una diferencia entre abierto o cerrado y la cualidad predominante es el intervalo de cuarta justa entre voces adyacentes.

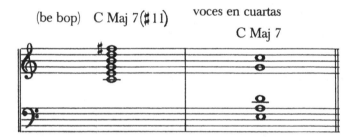

## 17.2     CINCO VOCES (PROCEDIMIENTO)

1. Determinar la escala apropiada para el acorde según cifrado y función tonal.
2. Eliminar la nota o notas a evitar de dicha escala.
3. Construir la estructura partiendo de la melodía, por cuartas justas debajo de ésta. Se puede usar algún intervalo de tercera y quinta o tritono si no hay una nota de la escala disponible a cuarta justa.
4. Evitar intervalos de terceras adyacentes.
5. No doblar ninguna voz.
6. Evitar el intervalo de "b9" entre cualesquiera de las voces.
7. Los acordes de dominante deberán incluir el tritono (excepto V7sus4), los demás la "3.ª".

8. Tesitura adecuada para la voz lead.

9. La "b5" puede usarse en los V7 sin límite para los intervalos bajos, ya que en este caso la estructura se convierte en el (SubV7).
10. La tensión "11" en los acordes menores con séptima menor (1,b3, 5,b7) puede usarse sin límite para los intervalos bajos; en este caso el acorde se convierte en V7sus4.
11. Si la estructura debe contener un intervalo de tercera, como más agudo se pueda situar, mejor.

### 17.2.1 Acorde Mayor con séptima mayor (1,3,5,7)

Escala jónica:

C Maj 7

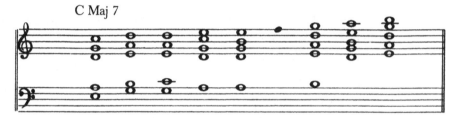

### 17.2.2 Acorde Menor con séptima menor (1,b3,5,b7)

Escala dórica:

C – 7

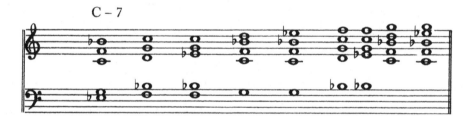

### 17.2.3 Acorde Mayor con séptima menor (1,3,5,b7)

Escala mixolidia:

C7

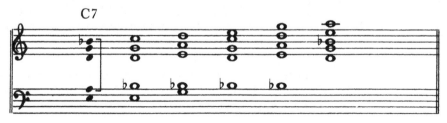

### 17.2.4 Acorde Menor con quinta disminuida y séptima menor (1,b3,b5,b7)

Escala locria. La estructura debe contener la "b5".

C – 7 (b5)

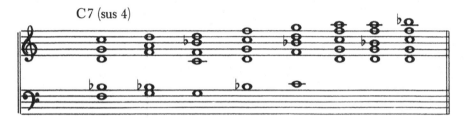

### 17.2.5 Acorde Mayor con séptima menor (sus4)

La estructura debe incluir la 4.ª:

C7 (sus 4)

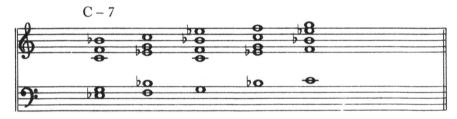

### 17.2.6 Acorde Menor con séptima menor (1,b3,5,b7)

Escala frigia.

C – 7

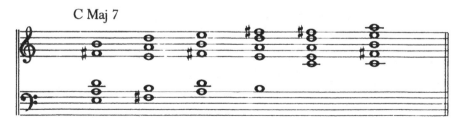

### 17.2.7 Acorde Mayor con séptima mayor (1,3,5,7)

Escala lidia. Igual a la escala jónica excepto en:

C Maj 7

## 17.2.8     Acorde Mayor con séptima menor y alterado (1,3,b5,b7)

Escala alterada.

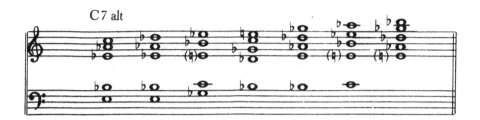

## 17.2.9     Acorde Mayor con séptima menor (1,3,5,b7)

Escala lidia b7.

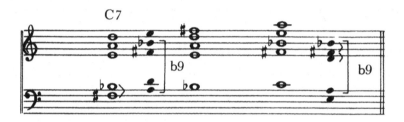

## 17.3     CUATRO VOCES (PROCEDIMIENTO)

1. Los intervalos entre voces adyacentes serán de cuarta justa o tritono.
2. Puede aceptarse una tercera mayor entre las dos voces superiores.
3. Evitar el intervalo de "b9" entre cualesquiera de las voces.
4. Estas estructuras pueden quedar incompletas, aunque debe tratarse de mantener el sonido del acorde.
5. Tesitura más adecuada para la melodía:

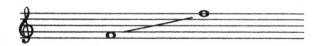

## 17.3.1     Acorde Mayor con séptima mayor

Escala jónica:

212

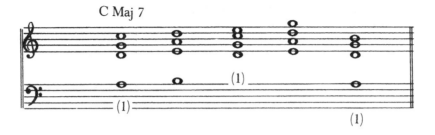

C Maj 7

## 17.3.2 Acorde Menor con séptima menor

Escala dórica:

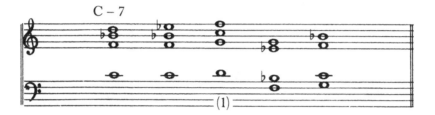

C – 7

## 17.3.3 Acorde Mayor con séptima menor

Escala mixolidia:

C7

## 17.3.4 Acorde Menor con quinta disminuida y séptima menor

Escala locria:

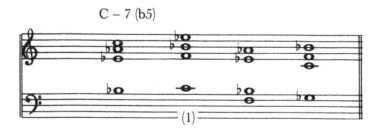

C – 7 (b5)

(1) La sonoridad del acorde no queda clara.

## 17.4    TRES VOCES (PROCEDIMIENTO)

1. Todos los intervalos entre voces adyacentes deben ser cuartas justas o tritonos.
2. Generalmente resultarán estructuras incompletas. Escoger preferentemente las en que el sonido del acorde quede claro.
   La tesitura más adecuada para la melodía será:

### 17.4.1    Acorde Mayor con séptima mayor

Escala jónica:

C Maj 7

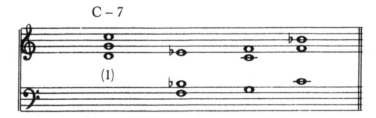

### 17.4.2    Acorde Menor con séptima menor

Escala dórica:

C – 7

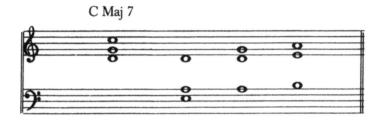

### 17.4.3    Acorde Mayor con séptima menor

Escala mixolidia:

C7

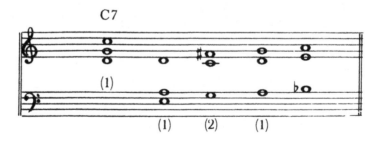

### 17.4.4    Acorde Menor con quinta disminuida y séptima menor

Escala locria:

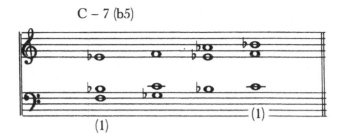

(1)  La sonoridad del acorde es imprecisa.
(2)  Posible con la escala lidia b7.

### 17.5    CONSIDERACIONES GENERALES

La sonoridad de esta técnica está en el intervalo de cuarta justa predominante entre voces adyacentes; ello hace que sin considerar esta técnica como abierta, el espacio entre las voces hace que su mejor aplicación sea en melodías inactivas y en puntos de claro predominio vertical de melodías activas.

Las notas de aproximación pueden rearmonizarse con una estructura en cuartas también, usando cualquiera de las consideraciones vistas anteriormente; el criterio a seguir en estas rearmonizaciones será según sea el análisis melódico de la nota a rearmonizar.

Cuando se dispone de tres o cuatro vientos, nos encontraremos frecuentemente con estructuras híbridas. Estas tendrán una menor importancia si dentro de la duración de la armonía ya se han oído las notas clave para su definición.

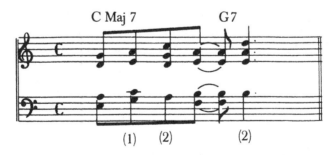

(1)  No es una estructura en cuartas. La armonización es (↓ 2).
(2)  El sonido del acorde no es preciso en este ataque, pero la definición ya estaba dada por los ataques precedentes.

En el siguiente ejemplo el fragmento está armonizado a cinco voces en cuartas, usando melodia independiente y barítono independiente en determinados puntos.

Esta técnica puede combinarse con cualquiera de las estudiadas anteriormente.

(1) Rearmonización diatónica en cerrado.

## 17.6    SITUACIONES ESPECIALES

En algunos casos y cuando una tensión está en la melodía de un acorde de dominante, se puede usar ($\downarrow 2 + 4$) con la melodía doblada y mantener la sonoridad de voces en cuartas a pesar del doblaje.

En general y tal como ocurría en las estructuras anteriores, los acordes de dominante, cuando suenan mejor es con las tensiones en las voces superiores y las notas guías en las inferiores.

# XVIII. CLUSTERS

18.1    CLUSTERS

Esta es una técnica no adecuada para la armonización de una melodía. Su mejor uso está en situaciones percusivas o en determinados puntos de predominio vertical de una melodía y también en un background pasivo.

En sí el cluster es un agrupamiento de voces con un intervalo muy pequeño entre ellas, normalmente de segunda; ello crea sonoridades muy densas, que si son adecuadamente utilizadas pueden conseguir un contraste muy efectivo, con las otras técnicas explicadas.

El intervalo predominante entre voces adyacentes será de segunda.

18.2    CINCO VOCES

El procedimiento a seguir es el mismo que el descrito en voces en cuartas, sólo que el intervalo entre voces adyacentes deberá ser de segunda.

La tesitura adecuada para la melodía será:

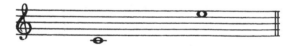

a. Se podrá usar cualquier nota de la escala que le corresponda al acorde según su función, exceptuando la nota o notas a evitar de dicha escala.
b. Evitar semitono entre las dos voces superiores.
c. Entre la primera y segunda voz puede haber un intervalo de tercera o cuarta.
d  Evitar dos intervalos, no de segunda, consecutivos.

La brillantez del cluster se conseguirá colocando, al menos, una segunda menor (no con la primera voz) en la estructura.

Las principales estructuras que se pueden producir sobre las distintas especies de acordes son las siguientes:

– Acorde Mayor con séptima mayor (1,3,5,7)

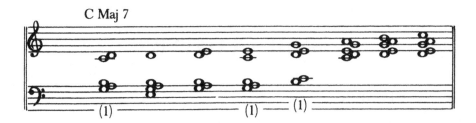

– Acorde Menor con séptima menor (1,b3,5,b7)

– Acorde Menor con séptima menor y quinta disminuida (1,b3,b5,b7)

– Acorde Mayor con séptima menor (1,3,5,b7)

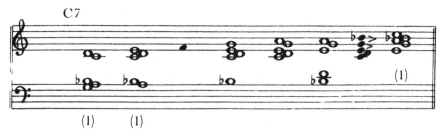

(1)  Las estructuras así señaladas obtienen la máxima brillantez ya que incluyen la segunda menor.

18.3    CUATRO VOCES

La tesitura adecuada para la primera voz es:

a. Tratar de que todos los intervalos sean de segunda.
b. Evitar semitono entre la primera y segunda voz.
c. Cuando sea necesario será posible usar un intervalo de tercera entre las dos voces superiores.

Las principales estructuras que se pueden producir sobre las distintas especies de acordes, son:

– Acorde Mayor con séptima mayor (1,3,5,7)

C Maj 7

– Acorde Menor con séptima menor (1,b3,5,b7)

C – 7

– Acorde Menor con séptima menor y quinta disminuida (1,b3,b5,b7)

C – 7 (b5)

– Acorde Mayor con séptima menor (1,3,5,b7)

C7

(1) Los acordes así señalados obtienen la máxima brillantez, ya que la estructura incluye una segunda menor.

(2) Intervalo de tercera entre voces interiores no adecuado.

18.4    TRES VOCES

La tesitura adecuada para la primera voz es la misma que para cuatro voces.

a. Todos los intervalos deben ser de segunda.
b. Evitar semitono entre las dos primeras voces.

Las principales estructuras que se pueden obtener en las distintas especies de acordes son:

– Acorde Mayor con séptima mayor (1,3,5,7)

C Maj 7

– Acorde Menor con séptima menor (1,b3,5,b7)

– Acorde Menor con séptima menor y quinta disminuida (1,b3,b5,b7)

– Acorde Mayor con séptima menor (1,3,5,b7)

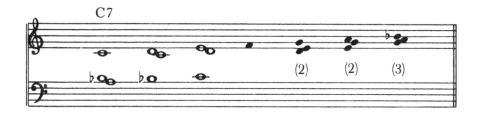

(1) Máxima brillantez.
(2) Intervalo de tercera entre voces adyacentes, no adecuado.
(3) Semitono entre las dos voces superiores, no adecuado.

## 18.5   USOS DEL CLUSTER

En una melodía inactiva tratada con voces en cuartas.

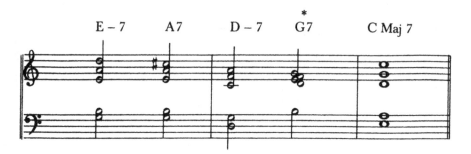

En una melodía tratada en soli abierto y en un punto de predominio vertical muy acentuado.

En un background percusivo o pasivo.

# XIX. TECNICAS ESPECIALES

19.1        ACOPLAMIENTO

El acoplamiento es una técnica empleada preferentemente con tres voces, cuyo objetivo no es la definición armónica, sino un acoplamiento constante con la melodía.

19.1.2      **Procedimiento**

a. La segunda voz estará una tercera diatónica debajo de la melodía.
b. La tercera voz estará una cuarta justa debajo de la melodía.
c. No hay notas a evitar en las voces armónicas (segunda y tercera).

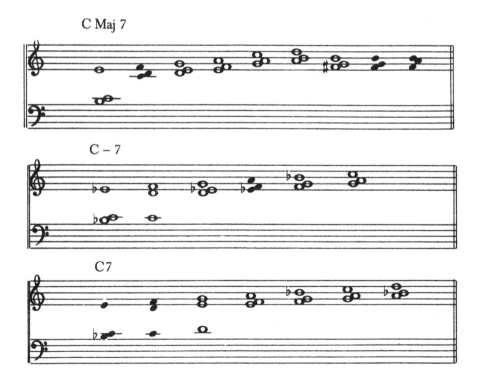

C – 7 (b5)

## 19.2     CUARTAS JUSTAS DIATONICAS

Esta técnica está derivada de la de acoplamiento. La realización consiste en una estructura formada por dos cuartas justas debajo de la melodía; no hay notas a evitar en las voces armónicas y el único requisito es que las cuartas sean justas (no tritono).

Esta técnica se usa preferentemente encima de un pedal.

C Maj 7

C7

C – 7

C – 7 (b5)

## 19.3    SEMI SPREAD

Esta técnica es preferentemente usada con cuatro o cinco voces y se emplea en puntos de predominio vertical o donde una cierta profundidad se desea.

### 19.3.1    Procedimiento

a. La voz más grave toca la fundamental del acorde. La tesitura adecuada para esta voz es:

b. El resto de las voces utilizan cualesquiera de las técnicas estudiadas.

c. Entre la voz más grave y su adyacente no debe haber más de una décima ni menos de una tercera.

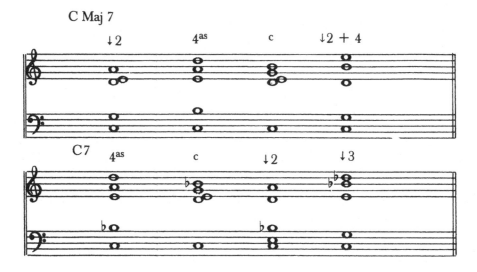

d. En preferencia la voz adyacente a la voz grave será una nota guía.

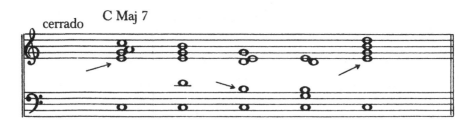

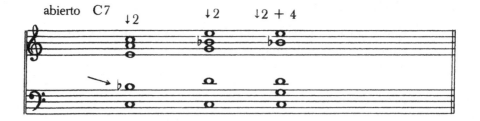

En los semi-spread del ejemplo anterior, las indicadas con una flecha son las más efectivas, ya que su penúltima voz es una nota guía.

Cuando sólo se dispone de cuatro voces, la tercera voz será siempre una nota guía.

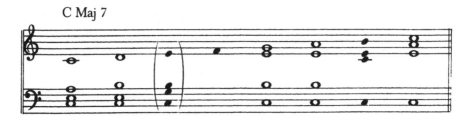

### 19.4     IGUAL SUBDIVISION DE LA OCTAVA

Esta es una técnica muy especial y de uso sólo en situaciones donde un efecto no diatónico se desea sobre una melodía que sí lo es; se utiliza principalmente sobre cuatro corcheas activas.

Cabe diferenciar dos situaciones: Cuando la primera y última corchea pertenecen al mismo acorde.

Y cuando la primera y última corchea pertenecen a distinto acorde.

En el primer caso se divide la octava en tres partes iguales (3.ª mayor) y se armoniza cada nota con un acorde que se forma sobre cada una de las notas que han dividido la octava. Es frecuente en esta situación usar tríadas con la melodía doblada y procurar que la fundamental esté en la voz más grave.

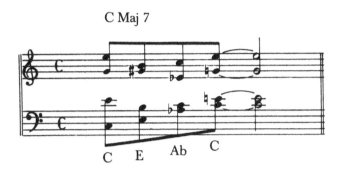

En el segundo caso, al ser la última nota de un acorde distinto, la octava se divide en dos partes y se reparte entre las tres primeras corcheas.

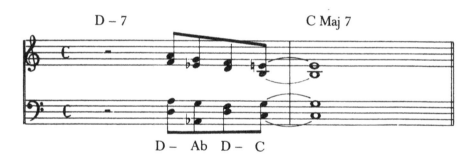

En cualquier caso una adecuada relación melodía-armonía debe existir.

# XX. ESCRITURA A SEIS VOCES

### 20.1     SEIS VOCES

La armonización en soli a seis voces de una melodía activa es posible aunque debe tenerse en cuenta que la densidad seis será casi imposible o inadecuada en una situación melódica. En general la realización de una estructura con seis vientos vendrá dada por una de las técnicas de cuatro voces con las dos primeras dobladas.

La tesitura adecuada para la melodía viene dada, en su registro grave, por las limitaciones de los intervalos bajos y en la zona aguda se utiliza hasta:

### 20.1.1     **Cerrado**

La estructura estará formada por cuatro voces en posición cerrada y dos voces más, que duplicarán la primera y segunda voz una octava baja.

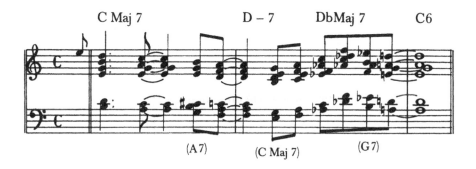

## 20.1.2  Abierto

La estructura estárá formada por cuatro voces que están armonizadas en alguna técnica de posición abierta ( ↓ 2, ↓ 3, ↓ 2 + 4) y las dos voces restantes duplicarán la primera y segunda voz una octava más baja.

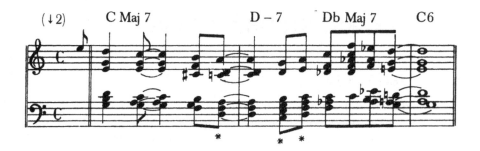

En situaciones de predominio vertical de una melodía, las voces que realizan el doblaje, pueden no tocar exactamente la misma voz una octava más baja y en su lugar atacar una tensión o una nota del acorde cuando las voces superiores tocaban una nota del acorde o una tensión respectivamente. Esto dará lugar a estructuras de cinco y ocasionalmente seis voces (densidad seis).

## 20.2  ACORDES DE SEIS VOCES POSICIONES CERRADAS

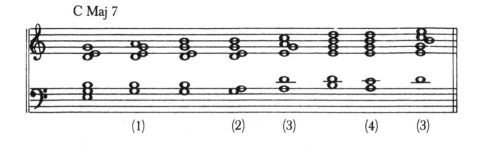

(1)  La séptima por la sexta en la quinta voz (7/6).
(2)  La sexta por la séptima (6/7).
(3)  La novena por la fundamental (9/1).
(4)  La fundamental y la sexta por la novena y la séptima (1.6/9.7).

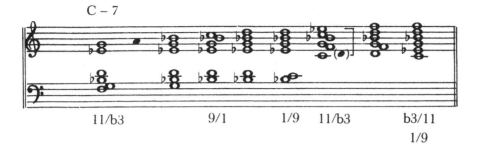

C – 7

11/b3   9/1   1/9  11/b3   b3/11

1/9

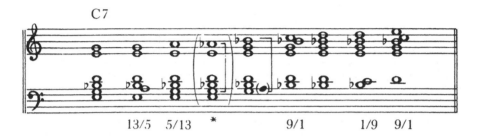

C7

13/5  5/13  *   9/1   1/9  9/1

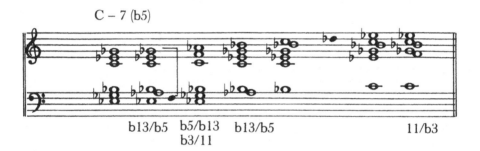

C – 7 (b5)

b13/b5  b5/b13  b13/b5    11/b3

b3/11

* No es posible con b13.

## 20.3  POSICIONES ABIERTAS

### 20.3.1  **Segunda voz bajada ( ↓ 2)**

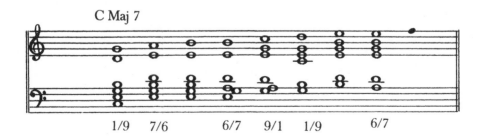

C Maj 7

1/9  7/6   6/7  9/1  1/9   6/7

C – 7

nueva 2.ª voz

1/9  11/b3  9/1  1/9  1/9  5/11

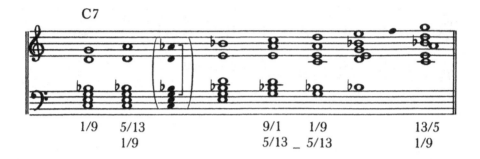

C7

1/9  5/13  9/1  1/9  13/5
     1/9  5/13 _ 5/13  1/9

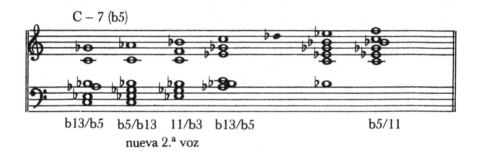

C – 7 (b5)

nueva 2.ª voz

b13/b5  b5/b13  11/b3  b13/b5  b5/11

### 20.3.2  Tercera voz bajada ( ↓ 3)

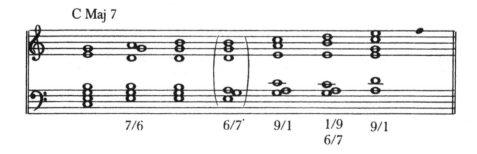

C Maj 7

7/6  6/7  9/1  1/9  9/1
          6/7

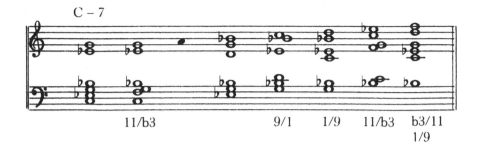

C – 7

11/b3          9/1      1/9    11/b3    b3/11
                                        1/9

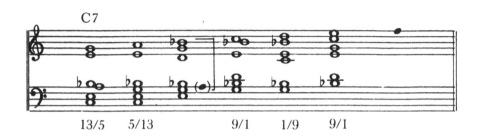

C7

13/5    5/13          9/1      1/9     9/1

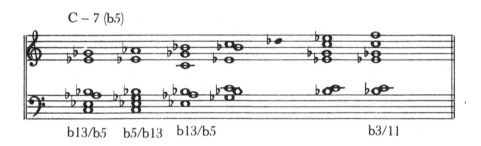

C – 7 (b5)

b13/b5     b5/b13    b13/b5                    b3/11

20.3.3     **Segunda y cuarta voz bajada ( ↓ 2 + 4)**

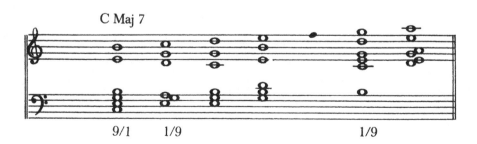

C Maj 7

9/1        1/9                              1/9

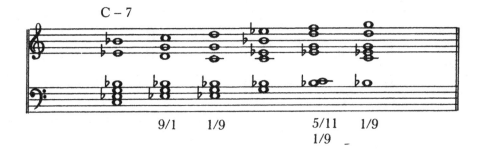

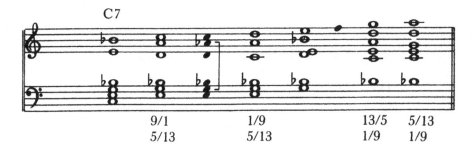

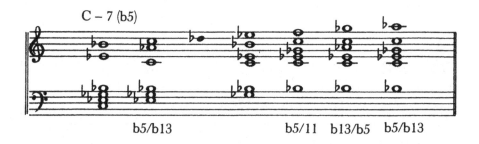

Estructuras de densidad cinco o seis no siempre suenan más ricas o tensas que una estructura de densidad cuatro con las tensiones duplicadas; en general, cuando la novena está en una de las dos voces superiores, el utilizar 1/9 en el doblaje no es muy efectivo si esta voz no es la más grave de la estructura.

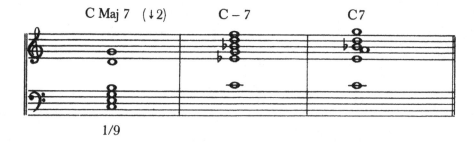

## 20.4    SPREAD CON SEIS VOCES

Esta técnica sólo se empleará en melodías pasivas, donde una gran profundidad armónica se desea, la primera voz será la melodía, las segunda y tercera voces se procura que sean tensiones, y en las tres voces graves se colocarán las notas guías y la fundamental en la voz más grave.

En los enlaces en Spread se tratará de que las voces internas se muevan el mínimo, procurando la adecuada resolución de las notas guías.

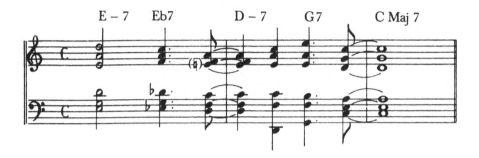

## 20.5    FUNDAMENTAL EN LA SEXTA VOZ

Otra de las técnicas frecuentes con seis voces es la de realizar una estructura de cinco voces, generalmente en posición cerrada o drop 2 ( ↓ 2), con la melodia doblada o no, según las técnicas explicadas en cinco voces, y añadir la fundamental como línea independiente en la voz más grave. Esta técnica es preferentemente usada cuando se dispone de baritono.

## 20.6    TUTTI DE VIENTOS

Cuando la estructura concertada puede resultar demasiado densa, la utilización de tutti de vientos será la adecuada para dar dirección a la melodía y a la vez profundidad en los puntos de predominio vertical de ésta.

237

La técnica consiste en que dos vientos tocan la melodía al unísono (u octavas) y el resto, armonizado en Spread, ataca solamente en los puntos de mayor predominio vertical.

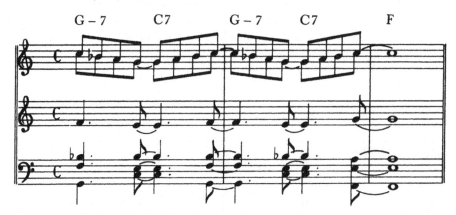

## 20.7 VOCES EN CUARTAS

Ocasionalmente se podrán producir estructuras de seis voces en cuartas, aunque lo más usual serán las estructuras de cinco voces en cuartas con la primera voz (melodía) doblada al unísono, 8va, 8vb, o incluso a 15vb, aunque esto último sólo será posible si la primera voz está por encima del Do4, ya que en caso contrario se crearían problemas con los límites de los intervalos bajos.

Otro uso frecuente es el de voces en cuartas en las cinco primeras voces y la fundamental en la sexta voz. Esto es especialmente efectivo cuando en la quinta voz hay una nota guía; y la separación entre la quinta y sexta voz no es superior a la octava.

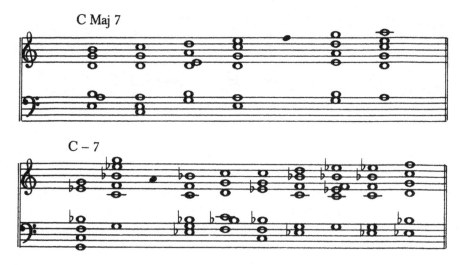

238

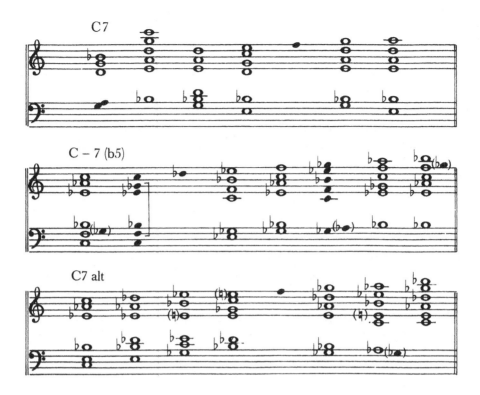

También es muy efectivo el uso de Spread en las tres voces inferiores y voces en cuartas en las tres superiores, la separación entre los dos bloques, o sea entre la tercera y cuarta voz será en preferencia de cuarta y si no es posible de tercera o quinta.

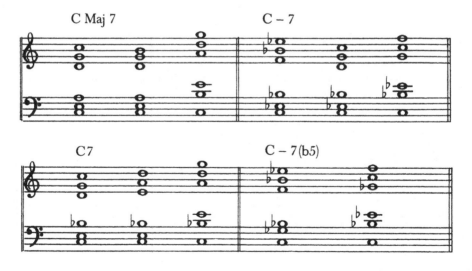

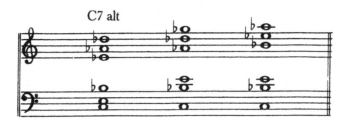

## 20.8    CLUSTER

Para la realización de esta técnica se añadirá una nota más de la escala
a un cluster de cinco voces (1), aunque también es frecuentemente utilizado el duplicar la primera voz de un cluster a cinco voces, generalmente al unísono (2) aunque en octavas (superior (3) o inferior (4)) es
también posible.

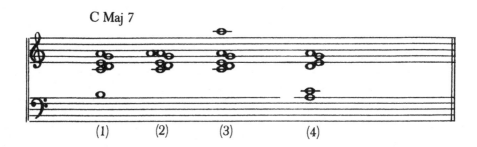

Otra posibilidad es la de colocar la fundamental en la voz más grave
y cluster entre las cinco primeras voces; la distancia entre la quinta y sexta
voz será inferior a la octava.

240

# XXI. SUPERPOSICION DE TRIADAS

## 21.1     SUPERPOSICION DE TRIADAS

Esta es una técnica empleada en puntos de predominio vertical de una melodía y consiste en superponer una estructura tríada encima del sonido básico del acorde.

## 21.2     TRES VOCES

Esta técnica usada con sólo tres voces, únicamente se puede emplear en un punto de pedal, ya que al no disponer de más voces el sonido básico del acorde no queda definido.

Armonizar las notas de la melodía con una tríada (mayor, menor o aumentado), en el que sus notas sean notas del acorde o tensiones de la estructura básica. Como requisito está el que al menos una de sus notas debe ser una tensión.

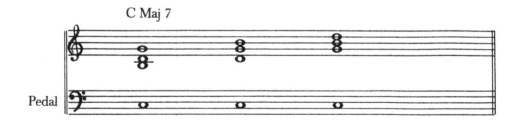

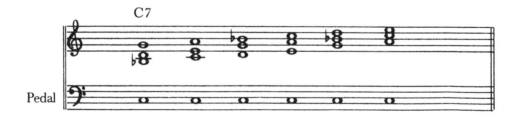

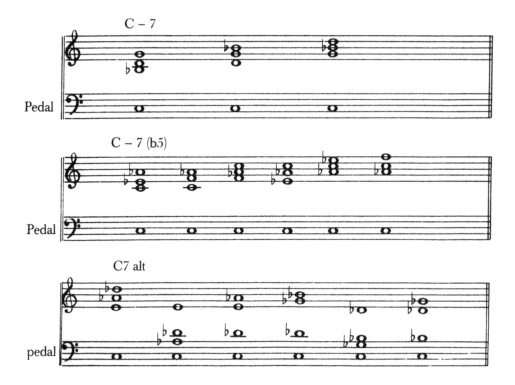

## 21.3    CUATRO VOCES

Las tres voces superiores deben ser un tríada formado por notas del acorde o tensiones, la cuarta voz estará preferentemente separada por una cuarta de la tercera voz y deberá ser una nota guía. La estructura contendrá al menos una tensión.

La tesitura adecuada para la primera voz estará comprendida entre:

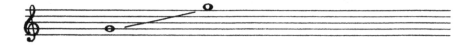

La situación más adecuada es la que resulta en las tres primeras voces un tríada del cual la primera voz es la tercera del acorde.

Cuando la cuarta voz no puede ser una nota guía puede usarse una tensión disponible si el resulado es de voces en cuartas.

242

C Maj 7

X     X     X     (1)

C 7        (C7(♯11)

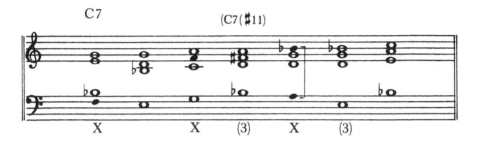

X     X     (3)     X     (3)

C7(♯11)     C7(♯11)        C7(♯11)

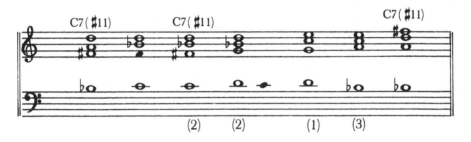

(2)     (2)     (1)     (3)

C – 7

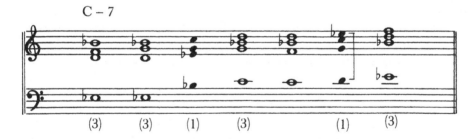

(3)     (3)     (1)     (3)     (1)     (3)

C – 7 (b5)

(2)     (1)     (3)

243

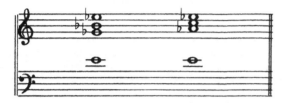

X = no adecuado.

(1) = no hay tensión en el tríada.

(2) = la cuarta voz no es una nota guía, pero el resultado es de voces en cuartas.

(3) = posible aunque la distancia entre tercera y cuarta voz no es de cuarta.

## 21.4 CINCO VOCES

Con cinco o seis voces es donde esta técnica encuentra su mayor realización, ya que las tres voces superiores podrán incluir un adecuado acorde tríada y las dos inferiores definirán el acorde al tocar las dos notas guías.

Como en los casos anteriores el tríada que tocan las tres voces superiores deberá incluir alguna tensión disponible y las dos voces inferiores normalmente serán notas guías. En algunas situaciones las dos voces inferiores podrán ser realizadas de forma que el resultado sea una estructura en cuartas, sin que por ello la sonoridad de tríada superpuesta se pierda.

La distancia entre la voz más grave de la sobreestructura (3.ª voz) y la voz más aguda del sonido básico (4.ª voz) no deberá ser superior a la octava ni inferior a una tercera. La estructura resultante podrá o no contener alguna duplicación y la tesitura adecuada para la primera voz será la misma que para cuatro voces.

244

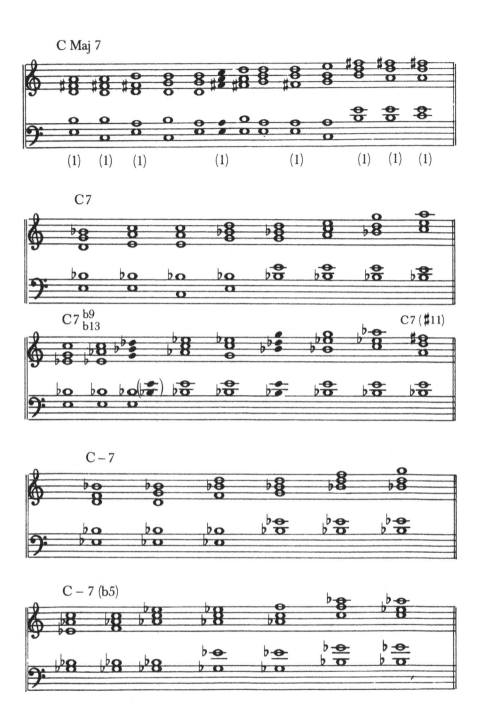

(1) Sólo posible si el acorde admite la tensión ♯ 11.

La b.5 será imprescindible en estructuras de acordes " − 7(b5)".

**SEIS VOCES**

Con seis voces esta técnica es muy parecida al Spread; en las tres voces inferiores estará el sonido básico del acorde (fundamental y notas guías), y en las tres voces superiores las tensiones y el resto de notas del acorde.

El procedimiento es el mismo seguido con menos voces, de forma que en las tres voces superiores debe haber al menos una tensión del acorde y las tres deben ser un acorde tríada mayor, menor o aumentado; puede haber alguna duplicación entre las voces inferiores con las superiores y la distancia que separa los dos grupos de tres voces no debe ser inferior a una tercera ni superior a una octava.

La tesitura adecuada para la primera voz estará comprendida entre:

Las principales estructuras que se obtienen son:

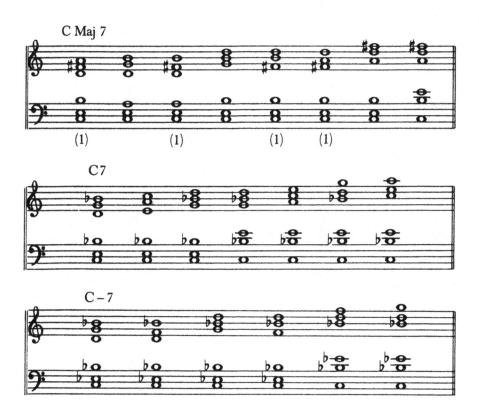

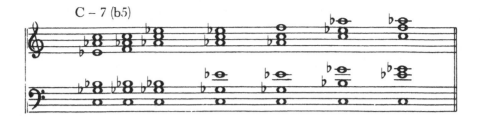

C – 7 (b.5)

C 7 alt

(1) Sólo posible si el acorde tiene ♯11 como tensión disponible.

El uso de esta técnica será solamente adecuado en puntos de predominio vertical de una melodía,

F Maj 7    C7

en Backgrounds pasivos o percusivos.

G – 7    C7    F♯ – 7    F7    Bb Maj 7

BbMaj 7 (♯11)

También es de buen efecto en una situación arpegiada de la melodía.

## ESCRITURA PARA SIETE O MAS VOCES

Cuando se dispone de siete o más instrumentos de viento, por lo general se dividen éstos en secciones; el tratamiento en bloque y el acoplamiento de estas secciones serán tratados más adelante en el volumen II.

Sin embargo, al igual como sucede con seis voces, algunas disposiciones en soli son posibles con siete voces, aunque debe tenerse en cuenta que en ningún caso será adecuado tratar una melodía con siete voces en soli y sólo en algunos puntos de predominio vertical de la misma será posible usar dicha técnica.

En la práctica el tratamiento en soli de una melodía no es efectivo con una densidad armónica superior a cuatro con cinco voces, y tal como se ha explicado en capítulos anteriores lo que de hecho se hace es doblar la melodía y utilizar cinco voces en densidad cinco sólo en puntos acentuados de la misma.

## ESTRUCTURAS DE SIETE VOCES

Para esta situación se usa una técnica muy pianística que consiste en tratar las tres voces superiores en cuartas y las cuatro inferiores en las disposiciones indicadas:

Acordes mayores con séptima mayor

| | |
|---|---|
| 9 | 5 |
| 6 | 3 |
| 5 | 9 |
| 3 | 7 |

Acordes menores con séptima menor

| 9 | 5 |
|---|---|
| b7 | b3 |
| 5 | 9 |
| b3 | b7 |

Acordes mayores con séptima menor

| 9 | 13 |
|---|---|
| b7 | 3 |
| 13 | 9 |
| 3 | b7 |

Acordes menores con séptima menor y quinta disminuida

| 1 | b5 |
|---|---|
| b7 | b3 |
| b5 | 1 |
| b3 | b7 |

De las disposiciones indicadas para cada especie se usan sólo las que están incluidas en todas sus notas en la tesitura indicada:

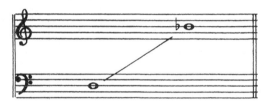

Las tres voces superiores deben estar tratadas con cuartas, aceptándose el intervalo de tercera (mayor en preferencia) entre las dos primeras voces.

La separación entre los dos grupos, de voces, no será superior a la quinta, o sea entre la tercera y la cuarta voz, no habrá más de una quinta.

C Maj 7

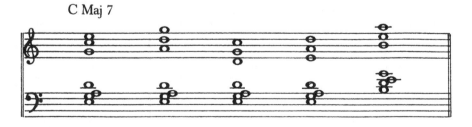

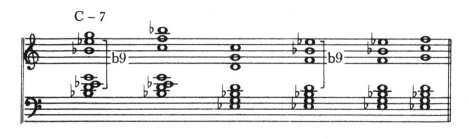

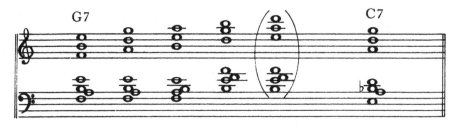

# APENDICES

## Apéndice A

Cuando se explican las técnicas de soli, sólo se incluyen las principales estructuras, en los ejemplos.

El acorde menor con séptima mayor o sexta sólo está incluido en algunos ejemplos ya que su uso es realmente restringido, aun y así será fácil desarrollar las estructuras necesarias para él siguiendo las mismas pautas que se siguen para los demás acordes.

El acorde de séptima disminuida (1,b3,b5,bb7) se tiende a sustituirlo por un dominante b9, o a rearmonizarlo con un $II-7$ (b5) V7 (b9), de ahí que no se incluyan en general sus estructuras.

## Apéndice B

| | Instrumentos | Nota escrita | Sonido producido |
|---|---|---|---|

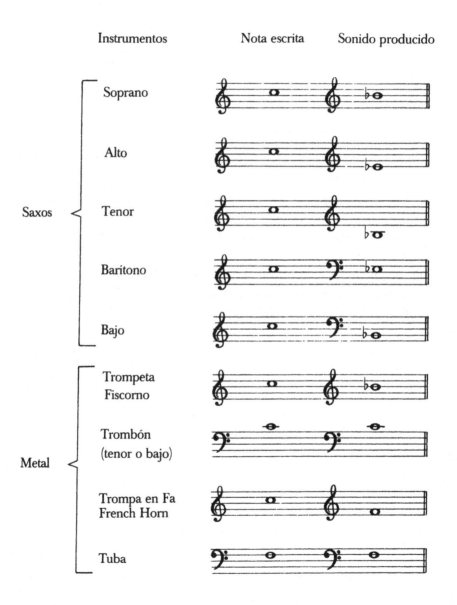

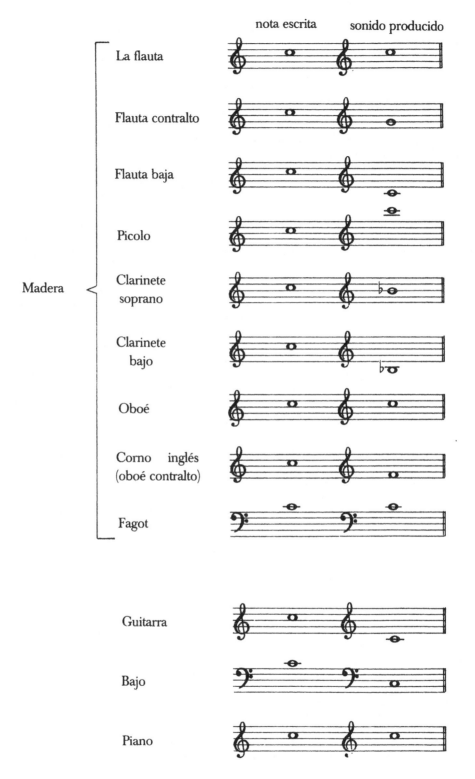

nota escrita          sonido producido

Madera

- La flauta
- Flauta contralto
- Flauta baja
- Picolo
- Clarinete soprano
- Clarinete bajo
- Oboé
- Corno inglés (oboé contralto)
- Fagot

Guitarra

Bajo

Piano

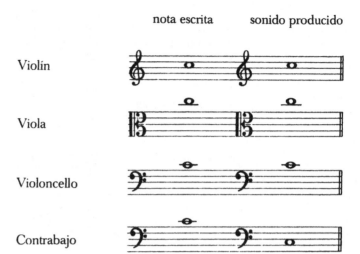

Violín

Viola

Violoncello

Contrabajo

## Apéndice C

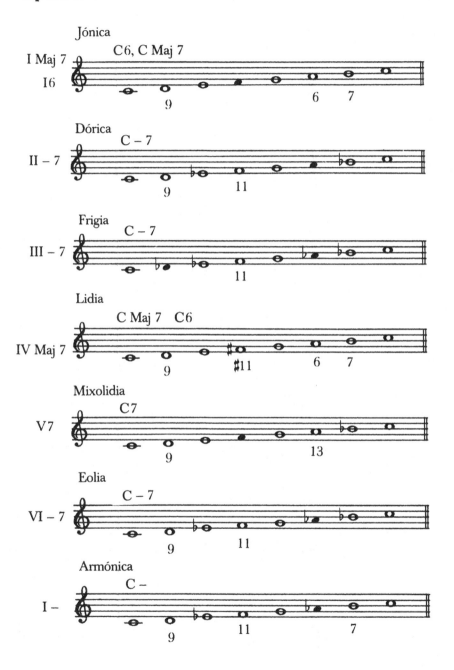

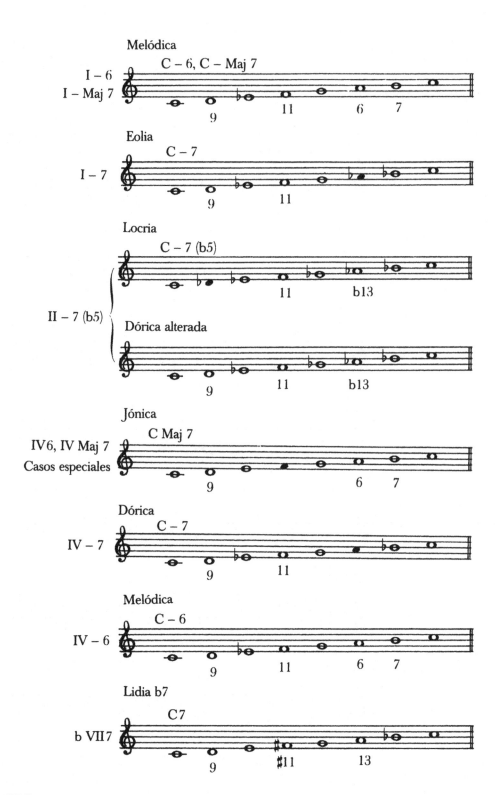

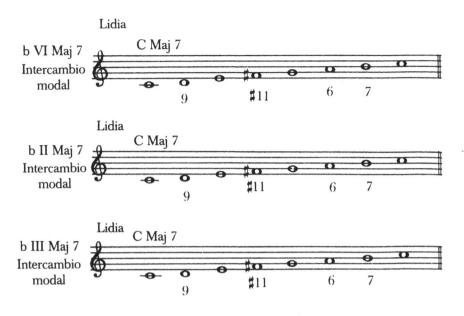

Acordes especiales referidos al tono de Do

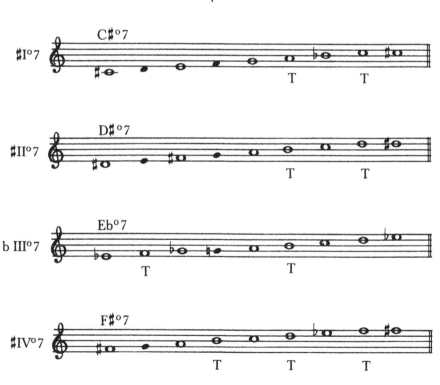

257

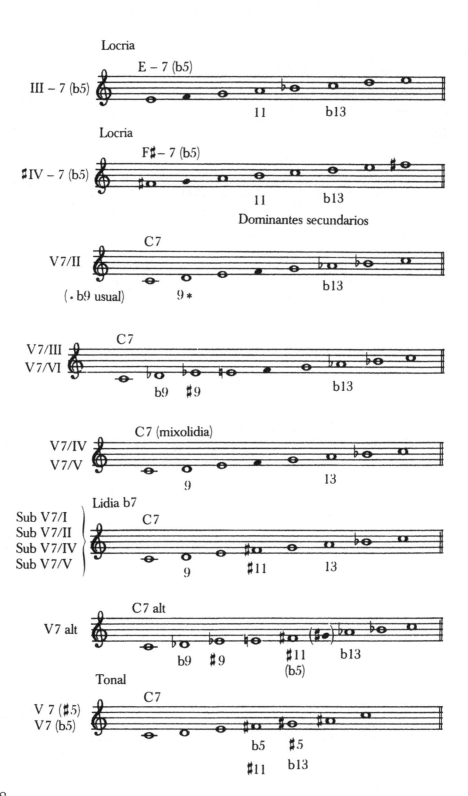

258